FROM ME TO ME

BELÉN LÓPEZ EXERTIER

FROM ME TO ME

Love letters to the
homes we leave behind

Healing House
PUBLISHING

First Published in Australia in 2025
by Healing House Publishing
www.healinghousepublishing.com

© Belén López Exertier

All rights reserved. No part of this publication may be reproduced, stored in a retrieval system, or transmitted, in any form or by any means, electronic, mechanical, photocopying, recording, or otherwise, without the prior written permission of the publisher.

The National Library of Australia Cataloguing-in-Publication entry

Title: From Me To Me
Sub title: Love letters to the homes we leave behind
Author: Belén López Exertier
Illustrator: Rosario López Exertier
Paperback ISBN: 978-0-6485478-9-1
Editor: Vanessa Barrington
Cover and Internal Design: Heidi Glasson

Healing House Publishing is committed to publishing works of quality and integrity. In that spirit, we are proud to offer this book to our readers; however, the story, the experiences, and the words are the author's alone.

*This book is for my inner child,
healed with love.
Don't allow anyone to
clip your wings.*

CONTENTS

Author's Note   8

Prologue   13

HEARTBREAK

Heartbreak, Loneliness and   18
Indecision come for a coffee

Ocean view   22

Letter for you.   25

What really bothers me   26

The chicken or the egg   28

One more coffee   30

DREAM

Fighting for your dreams   36

Surrender   40

Flowers   43

HOME

Home   46

Farewell   48

Homesick   50

I want to be home   55

HEAL

Write and heal	58
Juliana, the writer	61
Write what I can't say aloud.	63
I am	65
Feeling	66
Awareness	68

REFLECTION

Reflection	74
Reflecting on heartbreak	76
Reflecting on dreams	81
Reflecting on home	86
Reflecting on healing	91
Endings and beginnings	95
With gratitude	99
Author's biography	105

AUTHORS NOTE

Assembling this collection meant going back. Years separate the initial poems from this publication. I had to leave the safety of today's happiness to explore what was happening when I wrote these poems all those years ago.

It hurt to go back over old poems and expose the wounds that left scars. And no one wants to hurt.

When I moved to a new country, I knew I needed something to keep me excited during the process of adapting to a new city. A writing course sounded harmless—an ideal way to stay engaged. I never imagined what would come from it.

While doing the course, I realised that all the texts I had written in various formats were, in fact, poems. The idea of creating a book out of them started to grow inside me.

The first step was translating them into English, while also writing new pieces that didn't have a clear place yet. In the process of translating, I cringed. I felt sadness. At times, I didn't recognise myself. But, to be honest, I also saw myself in every poem.

Reading them in my second language felt different. That's when the phenomenon known as linguistic relativity—or the Sapir-Whorf hypothesis—took place. This concept suggests that language influences thought and perception. Research even shows that people can exhibit different personality traits when speaking different languages.

That's how the healing process could finally finish: I was able to go back and understand the poems from a new perspective, from a new self— from the safe distance of today.

This helped me realise that the poems I wrote during my five years in Barcelona, and the ones I wrote in my first year living in Australia, belong to the same story. With paper, scissors, and lots of colourful markers, I was able to organise them. Suddenly, my poems were telling a story—flowing from one to the next.

By the end of the course, I had the manuscript for what looked like my first book. But more than that, I had gained wisdom—reconnecting my old self with my new self. Everything I experienced when I first moved to Barcelona wasn't so different from what I was going through upon arriving in Australia. It was as though my old self could speak directly to me and share what she had learned.

But something was missing.

I am a mixture—a blend of cultures, experiences, and languages. I started learning English as a child. My brain has always worked in both languages. I've always used whichever word expressed what I was thinking or feeling best, regardless of the language. I've always been fascinated by words and their meanings.

My first book couldn't be entirely in English—that wouldn't be me. But it couldn't be completely in

Spanish either, because it was the translation that gave me real perspective.

That's when the idea of including both languages made total sense. It was a big challenge—translating everything into Spanish again, going through the editing process again, and thinking outside the box to create a book that would resonate with readers, no matter which language they speak.

It's not a simple translation—it's a book in both English and Spanish that makes sense to anyone who speaks one or both languages.

That's my blend. That's who I am. And my first book needed to reflect that.

This book represents one chapter of my life—one I can now relate to from within a new chapter. I hope you can relate, too.

But don't forget: it's just another chapter.

This one too—good or bad—shall pass.

BELÉN LÓPEZ EXERTIER

PROLOGUE

In April 2019, I took the plane that carried me from the violet jacarandas of 9 de Julio Avenue and the iconic Obelisco to the green Platanus trees at Passeig de Gràcia and Casa Batlló.

A direct flight from Buenos Aires to Barcelona. The inside of the plane was freezing, and I wasn't prepared for it. That flight was the first sign my arrival to Spain wasn't going to be as hot and welcoming as I thought.

Moving to a new country came with mixed feelings. It's hard to explain to people who haven't done it.

I was following my dream and making it come true against all odds. This was magical and empowering. I felt strong enough to tackle any difficulties.

But every story has two sides (sometimes more).

I was going to Spain to fight for what was mine: my roots and nationality. I was also going to live with my dad after years of separation. To add an extra challenge, I'd broken up a seven-year relationship to follow my gut instinct.

At that point, my dream wasn't quite clear. I used to say I wanted to have the experience of living in a different country. After moving and staying there for 5 years, I can tell you it was more than that. It's never that simple. It's never just one reason.

I discovered a new me, I grew and found independence, and I reunited with my father in a way I couldn't have imagined before taking that flight.

I regained my Spanish nationality and made Barcelona a city I could call mine. I found my place in the city, made friends, discovered my favourite spots, and developed professionally. Moving was a great decision; it allowed me to grow on more levels than I ever imagined.

But it wasn't always easy. It took a lot of courage, effort and tears to grow into who I have now become.

This book is a collection of different texts I wrote on notes on my phone. I wish I had written more, because I can see myself in each one of them. These poems are stops on my trip, showing me the way. From breaking up and fighting for my dreams, to being homesick and finding home, to healing myself and finding writing to be my balm.

BELÉN LÓPEZ EXERTIER

Heartbreak

*A strong feeling
of sadness*

BELÉN LÓPEZ EXERTIER

HEARTBREAK, LONELINESS AND INDECISION COME FOR A COFFEE

When I was a kid, I used to help my mom when she was cleaning her silver crockery set. She used this cream that had a really bad smell, put it in a soft cloth and rubbed it on every piece. My nose would get itchy. I'd get tears in my eyes. That's kind of what the first months since I arrived in Spain have been like. I've been trying to find my shine, but it's brought a lot of tears and an itchy nose.

These poems are about heartbreak. They are about a 26-year-old who finds her dreams no longer match the shared dreams in her relationship. I'm not going to say it was easy, but I can say now that it was for the best. Planning to move to a new country as a couple and ending up on my own was what I needed at the time. That's why it changed me in so many ways: I was on my own, healing, improving, and finding my way to shine.

These poems are about indecision. About my heart fighting to stop that uncomfortable process and just go back to what I had. What I had but also knew didn't work. It's hard to choose to be uncomfortable, hoping that at some point, at the end of the path, you'll be happy again. Fighting against the easy way out, going back to the known place or continuing to be uncomfortable with the hope of healing.

These poems are about loneliness. Feeling the emptiness after breaking up but also the emptiness of not having friends of family to rely on. A city girl moving into her dad's home in a small, isolated town with nothing to do. A city girl moving into her dad's home, with whom she didn't have a great relationship and hadn't lived with for fifteen years.

The first months in Spain were hard for me. I was adapting to a new place, adapting to my dad and mourning a relationship I'd thought would last forever.

Heartbreak, indecision, and loneliness is a hard combination. Breaking up is usually a hard thing to do, but breaking up and moving to a small town on the other side of the world makes things harder. You don't have your friends or family to give you a hug, your familiar spots, or ways to find comfort. It's not just the end of your relationship but also the end of who you used to be.

I would choose it all again because that's what brought me here. But I won't lie: during all those months when loneliness visited me every single day, I constantly wondered, 'What if?'
What if I had stayed?
What if I could be happy with what I had?
What if I could get on with it and just be happy?
What if I was easier?
What if I had less doubts?
What if I had fewer dreams?

I know now the answer to all these questions are the same:
I wouldn't be me.

FROM ME TO ME

BELÉN LÓPEZ EXERTIER

OCEAN VIEW

I see you; you are shining.
The sun on your face.
The blue ocean reflects your deep blue eyes.
You are staring at the sea.

The cold breeze hits your peaceful face.
The sound of the waves crash on the shore.
The salty smell penetrates the nose.

I want to know about you.
How are you?
I ask.
But you don't answer me anymore.

FROM ME TO ME

We are next to each other.
But I can't feel you.
You are here
But you aren't.

I see you; you are shining.
But you stare at the sea.

LETTER FOR YOU.

Maybe I go back to you because I want to look after you.
I grew up looking after you, trying to protect you and make you grow.
Now I feel emptiness. I feel alone.
Maybe it's just that I don't need to take care of you.
What could be better than using this space to take care of myself, listen to me and do what I want to do?

BELÉN LÓPEZ EXERTIER

WHAT REALLY BOTHERS ME

I don't know if he's been with her or not.
She doesn't seem his type - but who am I to judge?
Something feels off.
They follow each other.
We share no mutual friends.
The silence feels loud.

What really bothers me is that it bothers me.
It bothers me that I feel this way.
It bothers me that I am so bothered by this.
I know it's over.
There are no more options.
I hate that I still care.
That some part of me is still trying to find closure
when the door is long shut.

I'm in a good place.
I've built a life I'm proud of.
I'm achieving everything I wanted. I'm successful.
I've overcome lots of challenges.
And yet,
This?
This possibility that he's moved on - that he may or may not be with someone else
Bothers me.
I risked my happiness for him.
Anything I achieve is not enough.
Because there is always some shadow of him
Flickering behind the scenes
Reminding me
That we are not
We
Anymore.

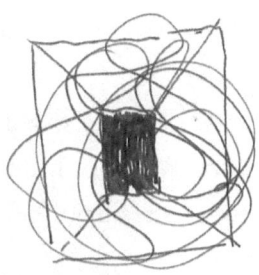

BELÉN LÓPEZ EXERTIER

THE CHICKEN OR THE EGG

I think a lot. I consider pros and cons, I ask myself questions, I support myself, and I contradict myself. I do this the most when it relates to important decisions.
There is one topic that always makes me think a lot, no matter how small or big it is: love.
I can't just follow my feelings.
I have a tendency to overanalyse everything.

What comes first, the chicken or the egg?
Do I miss him because I'm lonely or because no one is good enough?
When I meet someone new, my feelings for my ex disappear.
Is seeing someone else a distraction from my true feelings or what I think are my true feelings? Or is it just a result of being lonely?

What comes first, the chicken or the egg?
When I have a date, I can have fun and even like the person. I can be happy to see him move my ex aside. Does this happen because what I feel for my ex is not real or because the new person is just a good distraction?

What comes first, the chicken or the egg?
When I am alone, he always appears in my thoughts. The need to see him, hug him, leave everything behind because of him. But do these thoughts appear because I run out of distractions, and I can focus on what I really feel? Or do they appear because when there is no one else, I go back to what I know?

BELÉN LÓPEZ EXERTIER

ONE MORE COFFEE

I was driving around when suddenly I saw you in your car. You said hi just by smiling at me. We didn't need to talk to understand each other. I walked to your car and asked you what you were doing here. It surprised me to see you in my town. You told me you were visiting some clients. I invited you for a coffee. First, you said something that I couldn't understand, so I asked again, and you said yes.

Me, wanting you.
You, acting nonchalant.
Me, trying to make it work.
You, just there.
Our relationship was a lot like that. It was tiring sometimes.
But something in my heart kept telling me we were meant to be.

I drove my car alone and waited for you. When I saw you arrive, I realised my love for you hadn't changed.

That was always the hardest part. Deep down, I knew we weren't meant to be together, but I also knew I loved you. It's hard to let someone go when the feelings are still there. I didn't know how to forget you, feeling everything I felt. Maybe that's the key - not forgetting, just accepting.

I kept asking you questions. I wanted to know everything. You answered, and everything seemed fine.
From the outside only.
I was the one asking. You didn't offer anything on your own.
It was me pulling answers.
It was me wanting to know you.
You didn't seem to care to share.
It wasn't a real conversation; it was a questionnaire.
You didn't invite me for a coffee.
You were just trying to please me, but you didn't care about me.

At one point I told you that you looked different. Your face, your attitude - everything had changed. You looked older, but also... different.
I often get nostalgic about how things were. I miss the past as I remember it. I remember you

with rose-coloured glasses as if everything worked perfectly. Let me tell you that it didn't. It's hard to compete with a made-up memory.
But knowing you've changed helps me understand
The person I remember only exists in my mind.

Still, I wanted to thank you. I knew this was what I needed to be able to heal. I woke up.
After we broke up I never thanked you.
Never thanked you for the relationship we had.
Never thanked you for all I learned beside you.
You had a big impact on who I am today.
When it ended, I was hurting too much to see anything else.
I was angry it didn't work.
Angry our dreams didn't align. I even forced myself to dream different dreams. You came into my life on a hot summer day and turned everything upside down.
I learnt the lessons you taught me. And maybe you learned something from me, too.
But now we are both ready to let it go.

Thank you and goodbye.

FROM ME TO ME

BELÉN LÓPEZ EXERTIER

Dream

*A cherished aspiration,
ambition, or ideal.*

FIGHTING FOR YOUR DREAMS

I was raised in the countryside. I saw how farm people had to wake up before sunrise to start their day. With their hands marked by tools and their faces wrinkled by the sun, this was my image of what good people should look like. A good worker, making a big effort every day, no holidays and no weekends. His plants were grown by that effort, and as a recompense, the plant gave the worker its fruits.

How each language defines words can create possibilities or limits. Dreams in English and "Sueños" in Spanish have a big difference.

In Spanish, the definition of a dream establishes almost no probability of realisation. If the probability of achieving a dream is low, then there is no easy road to achieving it; you need to fight and make an effort. Sacrifice is seen as something good and encouraged.

Since I was a kid, I felt I needed to fight harder than other people to achieve my goals. I was always recognised for my effort but not for my strengths. I grew up thinking that dreams have almost no probability of achievement, but I chose to change my mindset. This is why I prefer changing the word fighting to 'going'. Going after my dreams.

Going after my dreams wasn't easy. It required some fighting and some effort. I have had to push myself and other people's "no" to achieve what I wanted and deserved.

All my legal immigration process was done by myself in Girona, a city in the north of Cataluña. Girona is in the countryside, where farm workers can be seen on the land every day, working to get their fruit.

Once a year, Girona hosts a flower festival. The whole city is decorated by amazing artists who create pieces of art by adding colourful flowers. This medieval city, with its strong and big walls, becomes changed by the flowers into a vulnerable and colourful piece of art, that rain can destroy.

Living in a different country involved a lot of paperwork and was never easy. Laws, bureaucracy and discrimination were what I dealt with to live in Spain.
Being raised in the countryside, I know the effort it takes for a plant to grow and give flowers; this was me, and this was Girona for me.
A lot of effort and sacrifice transformed into flowers at the end.

FROM ME TO ME

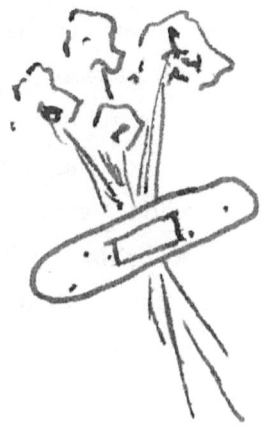

SURRENDER

I arrived at the desk and sat down. The bright white light made me feel like I was in an interrogation office. The old wooden desk, full of papers and coffee cups, reminded me of the long months I had spent preparing and submitting documents. Each folder contained someone else trying to move to Spain. Each folder had a different story and a different situation. We all had the same dream.

The man looked at me and asked what I needed. I answered that I had come earlier and he had told me to come back to see if the letter was signed and if so, I could take it with me. That letter meant my residency was approved. It meant being able to work. It meant being able to travel. It meant freedom.
When he remembered who I was, he looked at me and said, "You are insistent. Do you ever quit?"

I tried to find an excuse not to feel guilty for bothering him or being there.

"I was already here, so I chose to wait," I smiled.

When everything was over, I realised that, no, I couldn't give up. Life was showing me over and over again that the only way I could achieve what I wanted was if I didn't quit.

What would have happened if I stayed with the first answer of that man saying I couldn't apply for residency? Or when I went to submit my documents, they said I couldn't do it? Or when I went to renew my passport in Buenos Aires, and I was told that I had lost my nationality because of a simple administrative task?

No, I don't give up. I no longer say that with a nervous smile or apologetically anymore.

I don't give up.
I say that with a serious face and with confidence, proud of myself.
Proud to fight for what I wanted and happy to be pushy.

If that man knew everything I had gone through to sit down around this messy desk today. If that man knew everything I left behind to be here today, he'd know that with that cost, I wouldn't surrender easily.
I left behind stability, my future with my partner, family, work, status - the comfort of being born with a silver spoon in my mouth and more. To come here and start from the bottom. Did he really think I would surrender?

FROM ME TO ME

FLOWERS

Girona, you were Minister of Affairs.
You were paperwork, procedures
and patience.
You were anxiety, distress and anger.
You've been all of that, but you ended
up being a flower.

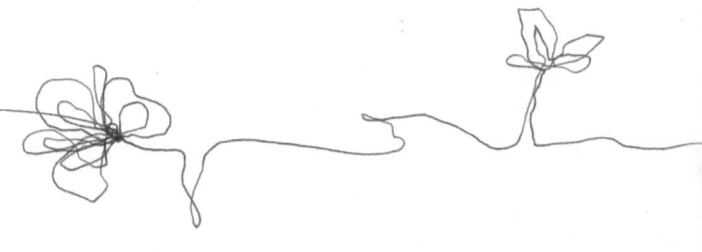

BELÉN LÓPEZ EXERTIER

Home

*The place where one lives permanently,
especially as a member of a family
or household.*

HOME

Home can mean different things to each of us. But when you leave your home, an important process starts. That's why living abroad is so bittersweet.

Where is my home now?

Why do I feel so down?

Why is it this hard?

Why do I miss everything, even things I didn't like?

Living abroad means not having your people around every day.
You can keep in contact if the time difference allows, but you know there will be no hugs for some time.

Living abroad also means knowing and feeling the real meaning of homelessness: when you can't find your favourite food or don't recognise the streets you walk on.

Living abroad means not having a home until you recognise you are your own home.

Living abroad is bittersweet. It can be difficult, but I still choose to experience it. These poems reflect that, both the bitter and the sweet parts.
Because that's what life is, no matter where you choose to live.

FAREWELL

With a bad photo, backlighting, and reflections, it's time to say goodbye. The hardest part is not knowing when we will see each other again. Only God knows when, where, and how. I'm going to miss you. I love you, and thank you for coming, loving me, missing me, and spoiling me.
We need to say goodbye. Many people say they want to leave their country, and there are indeed many advantages. But you are the biggest disadvantage.

FROM ME TO ME

Living in a different country means missing your family and friends every day. Every good thing that happens to you, every bad thing that happens to you, every achievement, every challenge and every "failure" can no longer be shared with the ones who can be counted on the fingers of one hand.

You can make new friends and meet with family; you will love them and share your day. But every day of your expat life, you are going to miss the people who shared everything with you until the day you decided to leave.

Those people can't be replaced and can't be forgotten.

HOMESICK

Lately, I've been in lots of conversations where, when coming back from Argentina, we all feel the same way—a wound that affects all who come back from visiting friends and family.
Each language has a word for it.
In English, the word homesick refers to a longing for one's home during a period of absence from it.
In Spanish, we use the word "*extrañitis*". It's not in the dictionary, but we need a word to express how we feel when we miss someone, so we use this one.

In Portuguese the word *"saudade"* adds a positive nostalgia. We miss something because we were happy there and then.
Finding meanings, we can find new perspectives. It doesn't matter the language; we all need to express the pain we feel when we're far away.

But what happens when the heart is divided? When home is in more than one place?
Can all these words be used to describe that sensation? Or perhaps the divided heart can't be put into words.

On one hand, there's the country where we were born, where our family and friends are. The streets that saw us grow, the smell of the jasmine flowers, the scent of grass, and the rain hitting the soil. Our favourite food, the endless asados with family and friends, eating until the belly hurts, talking until silence is not a problem anymore. That's the true cost of moving to a different country.

On the other hand, there's the country we choose to live in—an uncertain future carrying the adrenaline of unknown possibilities. It is the place that we choose to call home, although it is vacant of certain things we used to believe a home needed to have.

Returning home after some time visiting our people leaves a discomfort that could be confused with any disease. The truth is, it is an illness of the heart. The symptoms? Tiredness, apathy, wanting to be in bed and having no strength to do what we used to do. It's hard to get back into our routine or even enjoy the places we love. We don't feel at home.

I think this is part of the cost of being an expat. The heart gets fractured. We always feel divided because even if we go back to our roots, we'll always miss that city that housed our dreams and adventures.

If you ask me, the cost is still worth it. It is a cost that I choose to take on in the search of my dreams. The only important thing is knowing that this, too, shall pass. It exists, and we all feel it, in big or small measures.

We just need to have a little bit of patience, go gently and love ourselves like a mother would love and spoil a sick child. Take the first weeks with calmness. Go back to doing the things that made us fall in love with the city. Mix it up with the things you love from your country. Find that jasmine plant that can take you back to your childhood home with just one breath. Cooking pancakes with your mum's recipe, adding *dulce de leche* and sharing it with the people you've chosen as family will also make you feel at home.

After some days you will realise that you feel back at home. Your choice of home.

Even with a divided heart.

BELÉN LÓPEZ EXERTIER

54 | HOME

FROM ME TO ME

I WANT TO BE HOME

I want to feel at home.
My home is my town.
The town I grew up in.

Stare at the sea.

I'm my own home.
I can get back home
If I get back to me.

Bālāsana and running.

I'm my own home.
I'm inside of me.
I'm back home.

BELÉN LÓPEZ EXERTIER

Heal

Alleviate (a person's distress or anguish).

WRITE AND HEAL

Writing is a liberating feeling from the bad days and the lonely days, but it's also a way to remember the lessons.

I wish I wrote more because I know how good it makes me feel, but also, I know it's the first thing I avoid doing if I'm feeling down.
It's like my brain decides to avoid the only thing I know will help me.

Writing exposes the feelings and thoughts I'm trying to hide and avoid.

It's like developing an old picture.
First, you can't see anything.
Then, little by little, silhouettes start to appear.
Then, the colours.
And then everything makes sense.
All the ideas I try to push away.

Every time I ruminate about something, I wish it would disappear.
I try to ignore it.
Writing what I'm thinking or feeling exposes what I don't want to see.
But that's the whole point.

The only way of dealing with it is to expose it.
To make it present and real.
To put it in the centre of a stage under a bright light.

That's what happens when I write.
It starts as something, and I'm not quite sure what it means.
In the end, everything is clear.
I can understand what was happening inside of my head.

BELÉN LÓPEZ EXERTIER

Organise the thoughts and feelings
and understand something
I couldn't before.

Writing is the only way to heal me.
A way to release all the pressure.
It's not always easy to see things I don't want to look at.
But it always heals me.

Writing is how I discovered who I am, the feelings I had and the things I couldn't say.

Writing is how I keep discovering who I am, the feelings I have, and the things I can't say.

JULIANA, THE WRITER

Every 90s girl in Argentina played with Juliana's suitcase.
Juliana could be a mum, a doctor, a vet, a teacher or a journalist. Each suitcase brought everything you needed to play the role.
I think I had Juliana, the doctor.
Now, I'm not sure.

Today I want to play like that girl I was, but instead of being a doctor, I want to be a writer.

This is who I am.
Belen, 7 or 8 years old, with her pink suitcase.
Trying to understand life as an adult.
Putting all her ideas on paper, or in this case, in a note on my iPhone.

BELÉN LÓPEZ EXERTIER

FROM ME TO ME

WRITE WHAT I CAN'T SAY ALOUD

I have a WhatsApp group with myself. I named it "Cuarto Propio" in honour of Virginia Woolf. It means 'A Room of One's Own'.
In it, I write things I don't want to forget.
It started with writing thoughts, but honestly, most times my thoughts are supermarket lists.

Today, while walking, trying not to lose the idea, I thought about sending myself a voice note but couldn't.

Writing is not the same as saying something aloud.
Writing helps me unburden my thoughts and feelings. It is a way of emptying my brain and heart. It's like plugging in the cable that connects my brain with my heart, which, in my case, is always in a short circuit.

Sometimes, once I write it, I can read it out loud. Most of the time, it stays safely on my phone, and no one knows about it.
If I don't say it out loud, it doesn't exist. There is no shame, no embarrassment.

But it's also true that, as happened today, I do not always have the chance to sit down and write. The challenge is going to be to write more without thinking about the situation I am in.
To unknot the knot in my throat.
To allow myself to shout what I want to shout.

I AM

I sit at Barcelona's metro in an All Blacks t-shirt.
I lift my book bag with the Argentinian map
I take a book out. It's written by a guy from
Madrid.

I am this. I am a mixture. I'm fusion. I am
different. I am whole.

Within me, the past, the present and the future
live together.

In this moment, I realise who I am.
I'm all together, mixed but perfectly me.
Real and honest.
My own mixture.

FEELING

Many people have told me I'm disconnected from my emotions. People don't think I am a loving person. I don't like hugging or kissing, and if someone cries, I feel uncomfortable and don't know what to do. I want to make them laugh instead of allowing their tears.

I don't like to see people crying, but because I don't want them to hurt, I want to protect everyone I love (usually in excess).

Most of the time, I judge myself for my lack of feelings or emotions and believe other people's words.

Today I believe this to be the biggest lie in the whole world.

My way of showing feelings is different. I don't usually give hugs or kisses, but that doesn't mean I don't have them.

We should stop judging people by the way they show feelings and just invite them to express them however they can. Some people show their feelings using music, dancing, drawing or with a hug. I show them by writing.

AWARENESS

I live in a neighbourhood on top of a hill. Many people reject renting there because you have to climb the mountain every time you need to go home. Most of my friends never come to my house because of this.
When you come back with the groceries, it's hard. The gym downstairs has a sign that says, 'You already did the climb; now come in and finish the training.'

At the top of the hill, there is a park, literally around the corner of my house. Every day, when I go to take the train I have the option of climbing the hill and crossing the park or going around. I always choose to go around.

It's a pity because when I do decide to cross the park, I find beauty, oxygen, and peace in my day. It's like a little oasis of silence in the middle of the noisy city. Full of native plants and with a freshness that can be felt on Barcelona's hot days.

Today, I decided to go to the park and walk around as part of a creativity exercise. My idea was to walk for twenty minutes to awaken my creativity. I left my house with my sporty outfit, knowing that when I finished, I was going for a coffee. I had zero faith in the walk, but I knew it wouldn't harm me (and I really wanted the coffee).

Walking around, I found an image that I loved, the one I always tried to find when I visited the park. As the park is so tall, between the trees, you can find one of the best views of Barcelona's skyline. But today was different. Today, I saw something else.

The image reflected my life most of the time. It brought me back to beauty. I don't know who decided to put a bench facing the path instead of the incredible view behind it.
Feeling rebellious, I sat on the backrest, facing the beauty.

How many times do we forget to look?
How many times do I just walk around the park and take for granted the view of the Sagrada Familia, the sea and the blue sky?

We get used to beauty, and that makes me sad but also worries me.
The more we know, the more we travel, and the less surprised we are by the beauty around us.

The first time I visited Barcelona in 2017, I was amazed by the Sagrada Familia. Now that I've lived here for four years, I need to remind myself how incredible it is. I need to pinch myself and bring myself back to real life. Reality is not all the issues I have every day or whether I need to go to the supermarket on my way home. Reality is being able to connect with what the world has to offer.

FROM ME TO ME

BELÉN LÓPEZ EXERTIER

Reflection

*A serious thought
or consideration.*

REFLECTION

Most words in English come from the Germanic language, but they are also heavily influenced by Latin. Words that finish with "xion" in Spanish or "tion" in English share that origin.

This book was started in Spanish as a reflection on different situations I experienced living in Spain and I finished it in English living in Australia. I hope the name of this section can show the mixture of who I was and who I am. I hope it can mean something in both languages.

The meaning of reflection is a "serious thought or consideration". This is what I did for each of my texts: I thought about different situations and put them into words. It was a release for my mind and emotions.

Looking at other meanings for the word, I liked the idea of reflection as "the throwing back by a body or surface of light, heat, or sound without absorbing it".

This book is a reflection, like the one a mirror can give, about common situations that happened to me during five years living in Spain. It talks about living far away from your people, love or heartbreak, home, and the simplest thoughts.

Just as the reflection of myself in a mirror changes with time, this book is who I was during a part of my life. And just like my reflection in a mirror, I would love to edit my words to say different things because in many situations, today the reflection is not the same.
But to be true to myself I leave my words without editing. I show who I was without adding any makeup to the reflection the mirror gives me.

BELÉN LÓPEZ EXERTIER

REFLECTING ON HEARTBREAK

First love always feels like a soulmate. The cold breeze you were waiting for on a hot summer day. You don't have any idea what to expect. You mould to each other's needs. You are young, starting your own life and independence. You have no idea about yourself.
Who are you?
What do you like?
What do you enjoy?
What do you hate?

You try to find the answers while being with that someone else. Your answers start to mix with their answers.

Is it you who loves the idea of moving to the countryside?

Is it you who loves the idea of getting a dog?

Is it you who loves coffee for breakfast?

It takes a lot of courage and work to start asking the right questions.

Trying to find the right answers.

When we do, we realise our choices weren't ours; they were shared.

Growing together and sharing decisions can be nice.

In my case, it wasn't.

In my case, I got lost trying to make it work.

By the time I realised all of this, I was so far away from who I wanted to be that I needed to restart my life.

Usually, the other person is experiencing the same. Moulding to your needs, fears, likes and dislikes. Maybe he hasn't started asking questions yet, but the same effect happens.

When I decided I wanted to move to a new country, he said he wanted that too. He wanted to make it happen and transform my need into a shared one. For some months, we fantasised about the idea of doing it together. What we could do and how.

Then he started showing some avoidance, but I thought it was because he felt overwhelmed. At some point, I realised that I was more involved in working to get there. He was forcing himself to meet my idea, and the only way this could work was if we both wanted the same thing.
Deep in my heart, I knew that he would not take that flight with me. Deep in my heart, I knew he didn't want to move, and he didn't share the dream. My dream.

But it was his call. He needed to be the one saying what he wanted.
There was a hidden reason why I didn't want to push him into giving me an answer. What should I do if he said he wasn't moving?

One day, on my own, sitting on a beach looking at the sea with a notebook in my hand, writing pros and cons, I decided I needed to move. I needed to move for myself. I needed that experience. It's a weird feeling and hard to explain. It felt as if every piece of the puzzle clicked together, and finally, I could see the big picture. Inside, I knew I couldn't stay any longer. It was time to jump.

At the same time, kilometres away on a beach but looking toward a river, he was deciding the opposite.

When we saw each other again, after tears and fights, I told him I was going. He told me he wasn't.

It wasn't easy; I was expecting him to fight back and propose something different, a solution. There was nothing. My heart was broken but also healed. I was in pain, but I also didn't need to wonder anymore. I felt empowered to follow my dreams.

For months after I arrived in Spain, I waited for him to regret his decision and tell me he was coming. I even expected him to ask me to come back.

For a long time, I thought it was because neither of us wanted to be weak in front of each other.

Now, I feel different. It wasn't being proud that pushed us. It was love. The love for each other pushed us to respect the decisions we each made. We knew deep in our hearts that each other's happiness was elsewhere. In this case, love looks different. Love was letting go.

Maybe just add a tint of pride to the mixture. Feelings don't sit in boxes that can´t be mixed. Feelings are watercolours that mix in a way you can't control.

REFLECTING ON DREAMS

Dreams start as small, itchy and bothersome thoughts in the back of your head. Something that pinches to say, 'Here I am.'
Sometimes, you can immediately realise what is going on in your mind.
Sometimes, you just push it away and continue with your busy life. But the dream is still there, and it will stay there until you pay attention to it.

My dream of moving to a new country started when I was ten or eleven.
It started as a small thought I couldn't even fathom. That's why I don't remember exactly when it happened, because for most of my life, the idea was there.

My dream was reflected in the different choices I made, but I wasn't conscious of it.
I was attracted to doing certain school projects and reading certain books.
I read about the adventures of the Little Prince and drew cruise ships that could take me around the world. The idea of travelling and seeing the world was already in my mind.

But life is not that linear. We think it is, but it turns in ways we can't even imagine.
Growing up, I made some choices that buried the dream in the back of my mind.
I changed the things I liked and hid the dream.
I was too young and immature to be able to follow it.
The dream waited, knowing that at some point, I would be ready to look into its face and decide whether this was a dream to be followed.

We always have the option of not following the dream, but we at least owe it a conversation.

My life kept on going while I did things that took me away from my dream.

I also did things that took me closer without knowing.

I decided to do a trip on my own after university.

It was kind of crazy for everyone around me, but I did it anyway. It was the best idea I could think of. That trip brought lots of my dreams from the back of my mind, face to face with me.

Walking around on a sunny day, I decided it was the right time to follow my dream. I can't explain how I chose to look that dream in the face. I think it was just brought to me, and I couldn't ignore it. It felt like everything made sense, like when you do a puzzle and put the piece in that makes you understand the bigger picture.

It's just one piece, and it's not the last piece.

It's the decision to just start.

Following my dream was challenging and uncomfortable, but it was what I needed to do, what I decided to do after looking at my dream face to face.

It's easier now to reflect on this. Moving again to a different country gave me the distance I needed to see all of this. Looking at my dream now, I can't understand how I ignored it for that long. It's so clear the whole path and the moments when I took the wrong turn, how those turns took me into ideas that weren't mine, and how I lost myself.

Dreams can't be ignored. They stay there, knocking on the door, asking to be looked in the face and for a decision—even if your decision is letting them go.

FROM ME TO ME

REFLECTION | 85

REFLECTING ON HOME

The hardest part of moving abroad is leaving your home. It's understanding the word 'home' as where we feel safe and protected. Home can be our family, a house or our group of friends.

When moving abroad, we can't take our home with us. We need to leave behind everything that makes us feel safe in order to find something new.

I remember a famous story from when I was a kid about a turtle who had her house inside her shell. Other books discussed the same idea with snails.

I remember being fascinated by the idea of having your house with you all the time. Anything you need or miss can be found just by getting inside of you.

I was amazed by the idea of having your house with you all the time. I wanted to feel at home whenever I needed to.
My childhood had some harsh moments, and I wanted to find a way of feeling protected.
By moving to a new country, all that protection that I had was no longer with me. Until I realised my own house was inside me, just like turtles or snails.
All this time, I was carrying my home, my safe space, with me.

Funny. I knew about this when I was four or five years old, but it took me more than twenty years to realise what it really meant to me.

Home is not a physical space I can touch. It is inside of me. It sounds cheesy and childish, but the day I realised this, it felt as if I could see for the first time. It was like everything made sense again.

This doesn't mean I don't miss people or places, but the idea of having my home with me gives me freedom and a certain order to my priorities. I take care of myself, investing in my mind, body, and soul to create the nicest home I can because it's the only home I can take with me.

Most of the expats I meet experience the feeling of not belonging.
You don't belong to the new country. No matter how long you live in that country, you always feel different.
Maybe it's just small things like not knowing the song everyone knows from their childhood. Perhaps it's bigger things, like not being accepted by that specific community.

But you don't belong to your birth country either.
Every time you go back, you realise the country has changed, and you weren't there to see it. Also, you've changed.
You don't fit anymore; what people expect from you is the same, but you aren't.
And what you expect from that country, friends, or family is the same, but they've also changed.

At some point, you feel uncomfortable and overwhelmed by the feeling of not belonging anywhere. Humans are animals that are used to developing themselves in societies. Not belonging is not an easy feeling to cope with.

Knowing that your home is not outside of you makes the feeling easier. You still feel a bit uncomfortable, but at least you can always go back inside of your shell to feel safe. Having a safe space allows you to have the best of both worlds.

You can enjoy going back to your birth country and sharing old stories and new ones.
You can also enjoy learning about new cultures in your new country. You can be happy eating an *asado* while knowing you enjoy a good *paella*.

BELÉN LÓPEZ EXERTIER

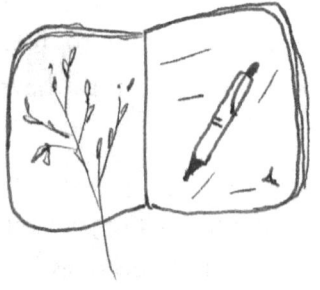

REFLECTING ON HEALING

Writing is a way of releasing what I have inside of me. Sometimes I shout, sometimes I whisper, but it always helps to release.
If you haven't used this technique before, you won't believe me.
When you write, you unlock a superior self. It's like talking to someone who knows more than you know.
Someone who understands better than you. That someone else can be your God, your soul, a deeper consciousness, the universe.

By writing you can organise your thoughts and feelings to look at you from a different perspective. It's an explicit text with what you have inside of you, with an extra understanding from someone else. That's why what you write is sacred.

All of these poems were written in that way, releasing pressure. It's like those kettles that start whistling when they start boiling. That's writing for me. Making some noise.

When putting these poems together, I was all in my mind.
I made excuses not to continue. I understood that my biggest fear was showing my honest and real self naked in front of a big crowd. Everyone was going to be able to read my thoughts and feelings, and what was even worse, people I knew could read my words.
There is something about faceless figures that makes them distant and cold. It is not the same as knowing a specific name or story about a person. The same happens with my texts.
I don't mind random people reading my words.
I'm just hiding from the people I know.

A lot is hiding behind that fear and all those excuses. But I want to be honest. I want to be my real self. Writing all these poems healed me in different ways. In ways I can't even imagine or understand.

It helped me to understand myself and my feelings, discover who I was and made me love myself.
Even now, being on the same path again and trying to make my way to a new country, I need to remember all these lessons I had.

Getting this book together comes at the best time.
I will never forget all the lessons I learned. I will keep learning new ones.
Writing healed me.
Writing heals me.
And I hope it can heal you, too.

BELÉN LÓPEZ EXERTIER

ENDINGS AND BEGINNINGS

I arrive at the gate and look at my boarding pass. I check all the information on it is right:
Gate 26.
Destination: Melbourne.
Boarding Time: 10.15

Look at my phone, and I see the wallpaper. It reads: "Get used to things going right".
I check the time. I have fifteen minutes to board the flight that will take me to the other side of the world.

The map of the world always catches my attention. In my school, there was one hanging on the wall. Every time I observed it, I felt pressure in my chest as I realised the distance I had between other countries and my family. Now it's me who decides to move to a different country on the other side of the world.

A voice announcing the flight is starting to board brings me back to reality. From a lost town in the Argentinian Pampa to this Roman airport. I look around and I don't know anyone. Nothing is familiar. Nothing has to do with my school or the world map hanging.

I walk the corridor. My legs shake, and I can't control them. I look through the window, and I see the rhythm of the airport. Trucks carrying the luggage, planes departing and landing in the distance.

It's the same view I had five years ago when I took the steps that brought me where I am today. Each of those steps, a conscious decision to search for my happiness, putting together the pieces of my broken heart but also walking away from my first true love. Everything comes to an end with each step I take.

The flight attendant asks for my boarding pass; she checks it and shows me the path I need to follow. I sit and breathe and convince myself this time is different.

In Australia, he is waiting for me. Reuniting with me after months of being in a distance relationship. Starting a new life together. The Barcelona flight that made me choose between a broken heart and conformism stays far behind.

I close my eyes, rest my head on the seat, breathe and smile because this time is different.

BELÉN LÓPEZ EXERTIER

WITH GRATITUDE

With gratitude, I want to thank you. For taking the time to read my first book, for trusting me with your precious time. For taking in my whole vulnerability, my heart translated into words and for treating it with love and respect. I also want to thank you for connecting with my feelings and dreams. Please, share with me your thoughts and feelings.

With gratitude, I want to thank my Mum. The real book lover, who, with games, developed my love for reading. Thank you, Mamma, for always having a flexible budget for buying books, although you know it's more expensive to take me to buy books than clothes. Thank you for always giving me independence, but staying close enough in case I needed you. You will always be the first person I'll go to when I need something. Thank you for being supportive of my dreams, even when those dreams took me far away from you. You know the true meaning of distance and always kept me close, even when thousands of kilometres separated us. Thank you for always being the true guardian of my dreams and teaching me that the limit is just in my head. I love you.

With gratitude, I want to thank my sister. The illustrator of this book. Thank you for sharing your art with me and supporting me no matter what. Thank you for being the first person to read my texts. Thank you for teaching me that expressing your feelings doesn't make you weak. Also, a free soul, moving around the world, who can relate to every chapter of this book. Thank you for always being there for me, you teach me and inspire me every day. My improved version, I love you.

With gratitude, I want to thank my dad. Thank you for receiving me in Spain when I first arrived there, not knowing what was happening or how it was going to be. Thank you for your patience during those dark days; you made everything easier. I'm grateful for the time we shared and for giving us a chance to just be us. I will always keep in my heart those five years close to you. I love you.

With gratitude, I want to thank my partner, Alex. Thank you for supporting my crazy dreams. Thank you for always saying first yes and then asking what or how. Keep teaching me and healing me with your love. Thank you, "I close my eyes, rest my head on the seat, breathe and smile because this time is different." Keep showing me what true love means, in English or Spanish. I love you.

With gratitude, I want to thank my English editor and publisher, Vanessa Barrington. By coincidence, I found you, but we both know it wasn't just a coincidence. Your help and support were what got me here. You saw me as an author before I knew I was one. You taught me to believe in myself and helped me to heal my wounds. Thank you for your sweet corrections and for treating my words as a precious treasure.

With gratitude, I want to thank my Spanish editor, Carolina Kenigstein. Since the first day, I knew you were the right one. Thank you for listening to me and for jumping on this trip with me. Your comforting words helped me to see that I had a voice in my language, too, and it was worth sharing it.

With gratitude, I want to thank Vicu and Sole. Thank you, Vicu, for being my other half, the keeper of my other half of brain and heart. And thank you, Sole, for being my first true friend, the one I could always trust and the one who always supported me, even when choosing different paths. You are both live testimonies of my story.

With gratitude, I want to thank all my friends. To the ones I have known since I was a kid, and the ones I met not long ago. Each one of you knows how important you have been to me along the way. All of you are the true keepers of my story, the ones who really know each one of my stops and shared each one of my steps. Most of the time, without understanding those steps.

With gratitude to my family, chosen or by blood, who always showed me that distance is just a number when you are a family and want to keep connected. That supported me in each step of my trip and always welcomed me, no matter how long we didn't see each other.

With gratitude to my past generations, who were the true world travellers, when getting from one place to another took months, and when communicating was almost impossible. You are the inspiration. Thank you for your hits and misses. I learnt a lot from you.

To everyone, thank you for your patience with the distance, the time difference, the delay in answering messages or supporting me even when I miss important things. I love you all.

With gratitude, I want to thank all the writers who inspired me with their stories since I was a kid. If it weren't for you, I would never have known the world of possibilities that existed outside of my bedroom. You made me dream, travel the world and think that everything was possible.

With gratitude, I want to thank all the incredible teachers I had, in school and life, the ones who encouraged me and made me who I am. You are special and will always stay in my heart and memory. You inspired me, made me a book lover, taught me how to use my first and my second language and most importantly, taught me how to be a caring person.

With gratitude to my special angel and guide, my grandmother, thank you for showing me the way. Thank you for being with me and hugging me, even from a different place. I know you are with me each step of the way; all of this is because of you. Grab your glass and let's cheer once more, for life!

AUTHOR'S BIOGRAPHY

Belen Lopez Exertier was born in a small town in Argentina. Always attracted to travelling and exploring the world, she called Barcelona her home for 5 years. At the moment of publishing this book, she is living in Melbourne, Australia, though she isn't sure where life will take her next.

Even before she could read, she was always a voracious book lover. Her favourite spot was always the kindergarten library corner, which later grew into the bookstore. She never thought that one day she would be a published author.

What started as creative exploration and personal notes in her diary has now transformed into her first book. Hopefully, to inspire others to pursue their own dreams. Hold tight, as this might be the first of many to come.

www.belenlopezexertier.com

BELÉN LÓPEZ EXERTIER

FROM ME TO ME

www.ingramcontent.com/pod-product-compliance
Lightning Source LLC
Chambersburg PA
CBHW032019290426
44109CB00013B/724

DE MI
PARA MÍ

BELÉN LÓPEZ EXERTIER

DE MÍ
PARA MÍ

Cartas de amor a los
hogares que dejamos atrás

Healing House
PUBLISHING

Primera edición publicada en Australia en 2025
por Healing House Publishing
www.healinghousepublishing.com

© Belén López Exertier

Todos los derechos reservados.
Ninguna parte de esta publicación puede ser reproducida,
almacenada en un sistema de recuperación de datos o
transmitida, en cualquier forma o por cualquier medio—
electrónico, mecánico, fotocopia, grabación u otro— sin el
permiso previo y por escrito del editor.

Datos de catalogación en la Biblioteca Nacional de Australia

Título: From Me to Me
Subtítulo: Love Letters to the Homes We Leave Behind
Autora: Belén López Exertier
Ilustraciones: Rosario López Exertier
ISBN: 978-0-6485478-9-1
Edición y corrección: Carolina Kenigstein - ckeditora.com
Diseño de tapa e interior: Heidi Glasson

Healing House Publishing se compromete a publicar obras
con calidad e integridad. En ese espíritu, nos enorgullece
ofrecer este libro a nuestras lectoras y lectores; sin embargo,
la historia, las experiencias y las palabras pertenecen
exclusivamente a su autora.

Healing House
PUBLISHING

Este libro es para mi niña interior,
curada con amor.
No permitas que nadie corte tus alas.

ÍNDICE

Nota de la autora	8
Prólogo	13

HEARTBREAK

Desamor, indecisión y soledad se juntan a tomar un café	18
Vista al mar	22
Carta para vos	25
Lo que realmente me molesta	26
El huevo o la gallina	28
Un café más	30

SUEÑO

Peleando por tus sueños	36
Rendirse	40
Flores	43

HOGAR

Hogar	46
Despedida	48
Homesick	50
Quiero estar en casa	55

SANAR

Escribir y sanar	58
Juliana, la escritora	61
Escribir lo que no puedo decir en voz alta	63
Soy	65
Sentimientos	66
Conciencia	68

REFLEXIÓN

Reflexión	74
Reflexionando sobre desamor	76
Reflexionando sobre los sueños	81
Reflexionando sobre el hogar	86
Reflexionando sobre sanar	91
Finales y comienzos	95

Con gratitud	99
Biografía de la autora	105

NOTA DE LA AUTORA

Ensamblar esta colección significó volver atrás. Años separan los poemas iniciales de esta publicación. Tuve que dejar la seguridad y la felicidad de hoy para explorar lo que pasaba cuando escribí esos poemas, tantos años atrás.

Duele revisar esos viejos poemas y exponer heridas que dejaron cicatrices. Y a nadie le gusta sufrir.

Cuando me mudé a otro país, supe que necesitaba hacer algo que me entusiasmara durante el proceso de adaptación a una nueva ciudad. Un taller de escritura sonaba inofensivo y la forma perfecta para lograrlo. Nunca imaginé lo que iba a pasar después.

Durante el taller me di cuenta de que todos los textos que había escrito en distintos formatos eran, en realidad, poemas. La idea de hacer un libro con todo eso empezó a crecer dentro de mí.

El primer paso fue traducirlos al inglés, mientras escribía nuevas partes que todavía no tenían un lugar definido. El proceso de traducirlos me dio vergüenza. Sentí tristeza. A veces, no me reconocía. Pero, siendo honesta, también me vi en cada poema.

Al leerlos en mi segundo idioma se sintió distinto. Fue entonces cuando comenzó a pasar el fenómeno conocido como relatividad lingüística o la hipótesis de Sapir-Whorf. Este concepto sugiere que el idioma influye en el pensamiento y la percepción. Incluso hay investigaciones que señalan que las personas pueden mostrar diferentes personalidades cuando hablan diferentes idiomas.

Así fue como el proceso de sanación pudo concluir. Logré volver a esos textos y entenderlos desde otra perspectiva, una nueva yo, con la distancia segura del presente.

Esto me permitió entender que los poemas que escribí durante mis cinco años en Barcelona, y los que escribí en mi primer año viviendo en Australia, pertenecen a la misma historia. Con papel, tijeras y muchos marcadores de colores, pude organizarlos.

De pronto, mis poemas contaban una historia, fluían de unos a otros.

Al final del taller, tenía el manuscrito de lo que parecía ser mi primer libro. Pero más allá de eso había adquirido sabiduría, había reconectado a mi yo del pasado con mi yo del presente. Todo lo que experimenté cuando me mudé a Barcelona no era tan distinto a lo que estaba viviendo en Australia. Era como si mi yo de entonces pudiera hablarme directamente y compartir conmigo lo que había aprendido.

Pero algo faltaba.

Yo soy una mezcla. Una fusión de culturas, experiencias e idiomas. Empecé a aprender inglés cuando era chica. Mi cerebro siempre funcionó en ambos idiomas. Siempre usé la palabra que mejor expresara lo que pensaba o sentía, sin importar el idioma. Siempre me fascinaron las palabras y sus significados.

Mi primer libro no podía estar completamente en inglés, esa no sería yo. Pero tampoco podía estar

completamente en español, porque la traducción es lo que me dio perspectiva.

Fue entonces cuando la idea de incluir ambos idiomas tuvo todo el sentido. Fue un gran desafío: traducirlo al español de vuelta, pasar de nuevo por el proceso de edición, y pensar fuera de la caja para crear un libro que resonara con lectores, sin importar qué idioma hablaran.

No es una simple traducción, este libro es en inglés y en español, y tiene sentido para cualquiera que hable uno o ambos idiomas.

Esa es mi mezcla. Esa soy yo. Y mi primer libro necesitaba reflejar eso.

Este libro representa otro capítulo en mi vida, uno con el que ahora puedo conectar desde un nuevo capítulo. Ojalá que vos también puedas conectar.

Pero no lo olvides: es solo otro capítulo.

Este también, bueno o malo, pasará.

BELÉN LÓPEZ EXERTIER

PRÓLOGO

En abril de 2019, tomé el avión que me llevó desde los violetas jacarandás de la 9 de Julio y el icónico Obelisco hasta los verdes plátanos de Passeig de Gràcia y la Casa Batlló.

Un vuelo sin escalas, de Buenos Aires a Barcelona. El interior del avión estaba helado y yo no estaba preparada para eso. Ese vuelo fue la primera señal de que mi llegada a España no iba a ser tan cálida y acogedora como esperaba.

Mudarme a un nuevo país vino con una mezcla de emociones. Es difícil de explicar a alguien que no lo hizo.

Estaba siguiendo mi sueño y cumpliéndolo en contra de todas las posibilidades. Era mágico, me sentía empoderada y lo suficientemente fuerte como para enfrentar cualquier dificultad.

Pero toda historia tiene dos caras (a veces más).

Estaba yendo a España a pelear por lo que era mío: mis raíces y mi nacionalidad. También iba a vivir con mi papá después de varios años de estar distanciados. Para sumar un desafío extra, siguiendo mi intuición, había terminado una relación de siete años.

En ese momento, mi sueño no era tan claro. Decía que quería tener la experiencia de vivir en otro país. Después de mudarme y vivir allí durante cinco años, puedo decir que fue mucho más que eso. Nunca es tan simple. Nunca hay una sola razón.

Descubrí una nueva versión de mí, crecí y me independicé, y me reencontré con mi papá de una forma que jamás me hubiera imaginado antes de tomar ese vuelo.

Recuperé mi nacionalidad española e hice de Barcelona una ciudad a la que puedo llamar mía. Encontré mi lugar, hice amigos, descubrí mis rincones favoritos y me desarrollé profesionalmente.

Mudarme fue una gran decisión, me permitió crecer en niveles que jamás imaginé.

Pero no siempre fue fácil. Requirió mucho coraje, esfuerzo y lágrimas para convertirme en quien soy.

Este libro es una recolección de varios textos que escribí en notas del celular. Me hubiera gustado escribir más, porque puedo verme reflejada en cada uno. Estos poemas son paradas en mi viaje, que me muestran el camino. Desde romper una relación y luchar por mis sueños, sentir "extrañitis" y encontrar mi propio hogar, hasta sanarme y descubrir en la escritura mi bálsamo.

BELÉN LÓPEZ EXERTIER

Heartbreak

Una profunda tristeza

DESAMOR, INDECISIÓN Y SOLEDAD SE JUNTAN A TOMAR UN CAFÉ

Cuando era chica, solía ayudar a mi mamá a limpiar su juego de cubiertos de plata. Usábamos una crema con un olor espantoso, la poníamos en un paño suave y frotábamos cada pieza. Siempre me picaba la nariz. Se me llenaban los ojos de lágrimas. Algo parecido fueron mis primeros meses en España. Estaba intentando encontrar mi brillo, pero eso trajo lágrimas y picazón en la nariz.

Estos poemas son sobre desamor. Hablan de una chica de 26 años que se da cuenta de que sus sueños no son más compartidos. No voy a decir que fue fácil, pero ahora puedo decir que fue lo mejor. Planear mudarme a un nuevo país en pareja y terminar haciéndolo sola era lo que necesitaba en ese momento. Es por eso que me cambió de tantas formas, estaba sola, sanando, creciendo y encontrando mi brillo propio.

DE MÍ PARA MÍ

Estos poemas son sobre indecisión. Sobre mi corazón tratando de frenar ese incómodo proceso y volver a lo que tenía. Lo que tenía y lo que conocía. Es difícil elegir incomodarse, esperando volver a ser feliz en algún momento, al final del camino. Peleando con la salida fácil, volver al lugar conocido o continuar estando incómoda con la esperanza de sanar.

Estos poemas son sobre soledad. Sentir el vacío después de cortar, y también el vacío de no tener amigos o familia para apoyarte. Una chica de ciudad mudándose a lo de su papá en un pueblo chico y aislado sin mucho para hacer. Una chica de ciudad mudándose a la casa de su papá, con quien no tenía una gran relación y con quien no había vivido por más de quince años.

Los primeros meses en España fueron duros. Estaba adaptándome a un lugar nuevo, reencontrándome con mi papá y atravesando el duelo de una relación que creí para siempre.

Desamor, indecisión y soledad son una mala combinación. Cortar con una pareja siempre es

difícil, pero cortar y mudarte a un pueblo del otro lado del mundo, hace todo más difícil. No tenés a tus amigos o a tu familia para darte un abrazo, tus lugares conocidos o tus formas de encontrar tu confort. No es solo el final de tu relación sino también el final de quien eras como persona.

Volvería a elegirlo todo de vuelta porque eso fue lo que me trajo hasta acá. Pero no voy a mentir: durante todos esos meses, cuando la soledad me visitaba cada día, me preguntaba una y otra vez, ¿qué hubiera pasado si…?
¿Qué hubiera pasado si me quedaba?
¿Qué hubiera pasado si pudiera ser feliz con lo que tenía?
¿Qué hubiera pasado si pudiera conformarme y ser feliz?
¿Qué hubiera pasado si fuera más simple?
¿Qué hubiera pasado si tuviera menos dudas?
¿Qué hubiera pasado si tuviera menos sueños?

Hoy sé que la respuesta a todas esas preguntas es la misma:
no sería yo.

DE MÍ PARA MÍ

HEARTBREAK | 21

VISTA AL MAR

Te veo, vos brillás.
El sol en tu rostro.
El azul del océano refleja la profundidad de
tus ojos azules.
Mirás fijamente al mar.

La fría brisa golpea tu rostro sereno.
El sonido de las olas rompiendo en la orilla.
El olor salado penetra en la nariz.

Quiero saber de vos.
¿Cómo estás?
Pregunto.
Pero ya no me respondés más.

DE MÍ PARA MÍ

Estamos uno al lado del otro.
Pero no puedo sentirte.
Estás acá
pero no estás.

Te veo, vos brillás.
Pero vos mirás fijamente al mar.

BELÉN LÓPEZ EXERTIER

CARTA PARA VOS

Puede ser que vuelva a vos porque quiero cuidarte.
Crecí cuidándote, tratando de protegerte y hacerte crecer.
Ahora siento el vacío. Me siento sola.
Tal vez simplemente ya no tenga que cuidarte.
¿Qué podría ser mejor que usar este espacio para cuidarme a mí, escucharme y hacer lo que quiero hacer?

LO QUE REALMENTE
ME MOLESTA

No sé si estuvieron juntos o no.

No parece su estilo, pero quién soy yo para juzgar.

Se siente raro.

Se siguen mutuamente.

No tenemos ninguna persona en común.

El silencio aturde.

Lo que realmente me molesta es que me moleste.

Me molesta sentirme de esta forma.

Me molesta que me moleste tanto.

Sé que la relación está terminada.

No hay más opciones.

Odio que me siga importando.

Que una parte de mí siga tratando de encontrar

un cierre cuando hace mucho que la puerta se cerró.

DE MÍ PARA MÍ

Estoy en un buen momento.
Construí una vida de la que me siento orgullosa.
Estoy logrando todo lo que siempre quise.
Soy exitosa.
Superé muchos desafíos.
Y aun así,
¿esto?
La posibilidad de que haya seguido adelante, que
pueda o no estar con alguien más
me molesta.
Arriesgué mi felicidad por él.
Y nada de lo que logré parece suficiente.
Porque siempre hay una sombra suya
titilante en el fondo
recordándome
que nosotros
ya no somos
nosotros.

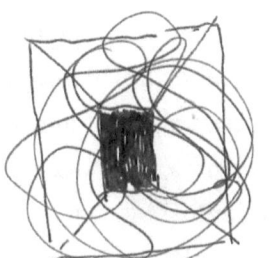

EL HUEVO O LA GALLINA

Pienso mucho. Considero los pros y los contras, me hago preguntas, me confirmo y me contradigo. Hago esto, especialmente, cuando son decisiones importantes.

Hay un tema que siempre me hace pensar mucho, no importa cuán chico o grande sea: el amor.

No puedo solo seguir mis sentimientos.

Tengo una tendencia a sobreanalizar todo.

¿Qué fue primero, el huevo o la gallina?

¿Lo extraño porque me siento sola o porque nadie es lo suficientemente bueno?

Cuando conozco a alguien nuevo, mis sentimientos por mi ex desaparecen.

¿Conocer a alguien nuevo es una distracción de mis sentimientos, o lo que pienso son mis verdaderos sentimientos?

¿O es simplemente porque me siento sola?

DE MÍ PARA MÍ

¿Qué fue primero, el huevo o la gallina?

Cuando salgo con alguien, puedo divertirme e incluso puede gustarme la persona. Puedo alegrarme de verlo y mi ex queda en un segundo plano.

¿Esto pasa porque lo que siento por mi ex no es real o solo porque la nueva persona es una buena distracción?

¿Qué fue primero, el huevo o la gallina?

Cuando estoy sola, él aparece siempre en mis pensamientos. La necesidad de verlo, de abrazarlo, de dejar todo por él. Pero, ¿aparecen estos pensamientos porque no tengo más distracciones y puedo enfocarme en lo que realmente siento? ¿O porque cuando no hay nadie más vuelvo a lo que conozco?

UN CAFÉ MÁS

Iba manejando cuando, de repente, vi tu auto. Me saludaste con una sonrisa. No necesitábamos hablar para entendernos. Caminé hacia vos y te pregunté qué hacías por acá. Me sorprendió verte en mi pueblo. Me dijiste que estabas visitando a unos clientes. Te invité a tomar un café. Al principio dijiste algo que no pude entender, así que volví a preguntar y dijiste que sí.

Yo, deseándote.
Vos, haciéndote el canchero.
Yo, intentando que funcionara.
Vos, simplemente ahí.
Nuestra relación tuvo mucho de esto. A veces era cansador.
Pero había algo en el fondo de mi corazón que me decía que éramos el uno para el otro.

Manejé sola mi auto y te esperé. Cuando te vi llegar, me di cuenta de que mi amor por vos seguía intacto.
Esta siempre fue la parte más difícil. En el fondo de mi corazón, sabía que no teníamos que estar juntos,

DE MÍ PARA MÍ

pero también sabía que te amaba. Es difícil dejar ir a alguien cuando los sentimientos siguen ahí. No sabía cómo olvidarte, sintiendo todo lo que sentía. Tal vez esa sea la clave: no olvidar sino aceptar.

Seguí haciéndote preguntas. Quería saber todo de vos. Me contestabas, y todo parecía estar bien.
Pero solo desde afuera.
Era yo la que preguntaba. Vos no me ofrecías nada por tu cuenta.
Era yo tratando de arrancarte respuestas.
Era yo queriendo saber más de vos.
A vos no te importaba compartir conmigo.
No era una conversación real, era un cuestionario.
Vos no me invitaste a tomar un café.
Solo estabas intentando complacerme, pero yo no te importaba realmente.

En un momento te dije que te notaba distinto. Tu cara, tu actitud, todo había cambiado. Te veías más grande, pero también… diferente.
A menudo me pongo nostálgica por cómo eran las cosas. Extraño el pasado tal como lo recuerdo. Te recuerdo con lentes color de rosa, como si todo hubiera funcionado a la perfección. Pero dejame

decirte que no fue así.

Es difícil competir con un recuerdo idealizado.

Pero saber que cambiaste me ayuda a entender

La persona que recuerdo solo existe en mi mente.

Igualmente, quería agradecerte. Sabía que esto era lo que necesitaba para sanar. Desperté.

Después de que cortamos, nunca te agradecí.

Nunca te agradecí por la relación que tuvimos.

Nunca te agradecí por todo lo que aprendí a tu lado.

Tuviste un gran impacto en la persona que soy hoy.

Cuando cortamos, me dolía tanto que no podía ver nada más.

Estaba enojada porque no había funcionado.

Enojada porque nuestros sueños no coincidían.

Incluso me forcé a soñar otros sueños. Entraste en mi vida un caluroso día de verano y lo diste vuelta todo. Aprendí las lecciones que me enseñaste. Y tal vez vos aprendiste algo de mí también.

Pero ahora los dos estamos listos para soltar.

Gracias, y chau.

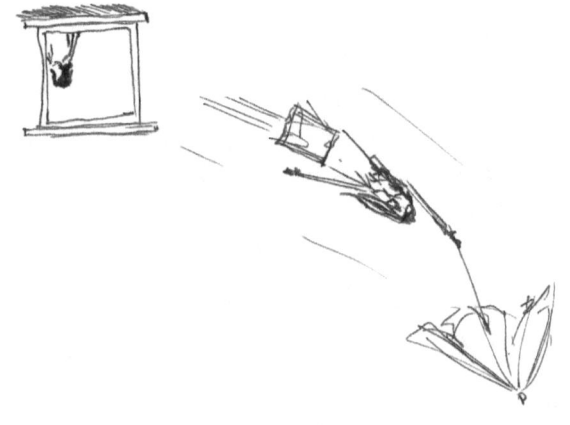

DE MÍ PARA MÍ

Sueño

Cosa que carece de realidad o fundamento,
y, en especial, proyecto, deseo, esperanza sin
probabilidad de realizarse.

PELEANDO POR TUS SUEÑOS

Me crie en el campo. Crecí viendo cómo la gente de campo tenía que levantarse antes del amanecer para empezar su día. Con las manos marcadas por las herramientas y sus rostros arrugados por el sol, esa era mi imagen de cómo debían ser las buenas personas. Un buen trabajador, haciendo todos los días un gran esfuerzo, sin fines de semana, sin vacaciones. Sus plantas crecían gracias a ese esfuerzo y, como recompensa, la planta le daba al trabajador sus frutos.

La forma en que cada idioma define las palabras puede crear posibilidades o límites. *Dreams* en inglés y *sueños* en español tienen una gran diferencia.

En español, la definición de "sueño" establece casi ninguna probabilidad de realización. Si la probabilidad de lograr un sueño es baja, entonces no hay un camino fácil para lograrlo; hay que luchar y esforzarse. Por eso sacrificarse está visto como algo bueno y es fomentado.

Desde que soy chica, sentí que necesitaba pelear más que el resto para lograr mis objetivos. Siempre me reconocieron por mi esfuerzo, pero no por mis fortalezas. Crecí creyendo que los sueños tienen poca probabilidad de cumplirse, pero decidí cambiar mi forma de pensar. Es por eso que prefiero cambiar la palabra "luchar" por "ir". Ir tras mis sueños.

Ir tras mis sueños no fue fácil. Requirió un poco de lucha y esfuerzo. Tuve que superar mis propios límites y atravesar los "no" de otras personas para lograr lo que quería y merecía.

Hice sola mi proceso legal de inmigración en Girona, una ciudad en el norte de Cataluña. Ubicada en una zona rural, cada día es posible ver a los trabajadores del campo cultivando la tierra, esforzándose para obtener sus frutos.

Una vez por año, Girona celebra un festival de flores. Toda la ciudad es decorada por increíbles artistas que crean piezas de arte con flores de colores. Esta ciudad medieval, con sus murallas fuertes y grandes, se transforma gracias a las flores en una obra de arte efímera y colorida, que la lluvia puede deshacer.

Vivir en otro país requirió mucho papeleo y nunca fue fácil. Para vivir en España, tuve que lidiar con leyes, burocracia y discriminación.

Como me crie en el campo, sé el esfuerzo que se requiere para que una planta crezca y dé flores; esa soy yo, y eso fue Girona para mí.

Mucho esfuerzo y sacrificio para, al final, florecer.

DE MÍ PARA MÍ

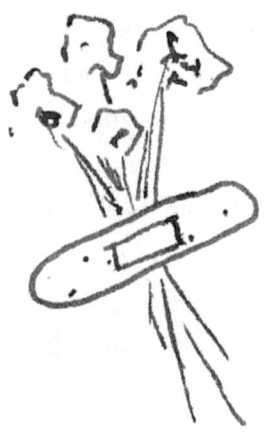

SUEÑO | 39

RENDIRSE

Llegué al escritorio y me senté. La luz blanca y brillante me hacía sentir como si estuviera en una sala de interrogatorios. El viejo escritorio de madera, lleno de papeles y tazas de café, me recordaba los largos meses que había pasado preparando y presentando documentos. Cada carpeta contenía a alguien diferente mudándose a España. Cada carpeta tenía una historia distinta y una situación diferente. Todos teníamos el mismo sueño.

El hombre me miró y me preguntó qué necesitaba. Le contesté que ya había venido y que me había dicho que regresara para ver si la carta ya estaba firmada y que, de ser así, podía llevármela. Esa carta significaba que mi residencia había sido aprobada. Significaba que podía trabajar. Significaba que podía viajar. Significaba libertad. Cuando recordó quién era, me miró y me dijo: "Sos insistente, ¿nunca te rendís?". Intenté encontrar una excusa para no sentirme culpable por molestarlo o por estar ahí. "Ya estaba aquí, así que decidí esperar", sonreí.

DE MÍ PARA MÍ

Cuando todo terminó, me di cuenta de que no, no podía rendirme. La vida me estaba mostrando una y otra vez que la única forma de lograr lo que quería era no rindiéndome.

¿Qué habría pasado si me quedaba con la primera respuesta de ese hombre, diciéndome que no podía solicitar la residencia? ¿O cuando fui a presentar mis documentos y me dijeron que no podía hacerlo? ¿O cuando fui a renovar mi pasaporte en Buenos Aires y me dijeron que había perdido mi nacionalidad por un simple trámite administrativo?

No, no me rindo. Y ya no lo digo más con una sonrisa nerviosa ni pidiendo perdón.

No me rindo.

Lo digo seria y con confianza, orgullosa de mí.

Orgullosa de haber peleado por lo que quería y feliz de haber sido insistente.

Si ese hombre supiera todo lo que tuve que atravesar para estar sentada hoy frente a este escritorio desordenado. Si ese hombre supiera todo lo que dejé atrás para estar hoy acá, sabría que con ese costo no me rendiría fácilmente.

Dejé atrás la estabilidad, el futuro con mi pareja, mi familia, mi trabajo, mi estatus, la comodidad de haber nacido en cuna de oro y más. Para venir acá y empezar desde abajo.

¿Realmente pensó que me iba a rendir?

DE MÍ PARA MÍ

FLORES

Girona, fuiste Ministerio de Asuntos
Exteriores.
Fuiste papeleo, trámites y paciencia.
Fuiste ansiedad, angustia y enojo.
Fuiste todo eso pero, al final,
te convertiste en una flor.

BELÉN LÓPEZ EXERTIER

Hogar

El lugar donde uno vive de manera permanente, sobre todo como miembro de una familia o casa.

HOGAR

Hogar puede significar cosas diferentes para cada uno de nosotros. Pero cuando decidís dejar tu hogar, comienza un proceso importante. Por eso vivir en otro país es tan agridulce.

¿Dónde está mi hogar ahora?

¿Por qué me siento tan apagada?

¿Por qué es tan difícil?

¿Por qué extraño todo, incluso las cosas que no me gustaban?

DE MÍ PARA MÍ

Vivir en otro país significa no tener todo el tiempo a tus seres queridos cerca.

Podés tratar de mantenerte en contacto, si la diferencia horaria te lo permite, pero sabés que no habrá abrazos por un tiempo.

Vivir en otro país también significa conocer y sentir el verdadero significado de "desarraigo": cuando no podés encontrar tu comida favorita o no reconocés las calles por las que caminás.

Vivir en otro país significa no tener un hogar hasta que reconocés, que vos sos tu propio hogar.

Vivir en otro país es agridulce. Puede ser difícil, pero sigo eligiendo experimentarlo. Estos poemas reflejan eso, tanto lo amargo como lo dulce.

Porque así es la vida, no importa dónde elijas vivir.

HOGAR | 47

DESPEDIDA

Con una mala foto, a contraluz y con reflejos, es momento de despedirnos. Lo más difícil es no saber cuándo nos volveremos a ver. Solo Dios sabe cuándo, dónde y cómo. Voy a extrañarte. Te quiero, y gracias por venir, por quererme, por extrañarme y por mimarme. Tenemos que despedirnos. Muchas personas dicen que quieren irse de su país, y es verdad que hay muchas ventajas. Pero vos sos la mayor desventaja.

DE MÍ PARA MÍ

Vivir en otro país significa extrañar a tu familia y amigos todos los días. Cada cosa buena que te pasa, cada cosa mala que te pasa, cada logro, cada desafío y cada "fracaso" ya no se pueden compartir con esas personas que se cuentan con los dedos de una mano.

Podés hacer nuevos amigos y reencontrarte con tu familia; los vas a querer y vas a compartir tu día a día con ellos. Pero cada día de tu vida de expatriada vas a extrañar a las personas que compartieron todo con vos hasta el día en que decidiste irte.

Esas personas no pueden ser reemplazadas ni olvidadas.

HOMESICK

Últimamente he tenido varias conversaciones en las que, al regresar de Argentina, todos sentimos lo mismo: una especie de dolencia que nos afecta a todos los que volvemos de visitar a amigos y familia.

Cada idioma tiene una palabra para eso.

En inglés, la palabra *homesick* hace referencia al sentimiento de tristeza, nostalgia o melancolía que una persona experimenta cuando está lejos de su hogar, de su familia o de su país.

En español, usamos la palabra "extrañitis". No está en el diccionario, pero necesitamos un término para expresar lo que sentimos cuando extrañamos a alguien.

En portugués, la palabra *saudade* agrega una nostalgia positiva. Extrañamos porque fuimos felices en ese lugar y en ese momento.

Encontrar diferentes significados nos puede dar nuevas perspectivas. No importa el idioma: todos necesitamos ponerle un nombre a ese dolor que sentimos por estar lejos.

Pero, ¿qué pasa cuando el corazón está dividido? ¿Cuándo el hogar está en más de un sitio? ¿Todas estas palabras aplican a esa misma sensación o tal vez ese corazón dividido no puede ponerse en palabras?

Por un lado, está el país en el que nacimos, donde están nuestra familia y nuestros amigos. Las calles que nos vieron crecer, el olor de los jazmines, el aroma al pasto y la lluvia golpeando la tierra. Nuestra comida favorita, los asados interminables con familia y amigos, comiendo hasta que duela la panza, hablando hasta que el silencio deja de ser

un problema. Ese es el verdadero costo de mudarse a otro país.

Por otro lado, está el país en el que elegimos vivir. Ese futuro incierto, cargado de adrenalina por lo que vendrá. Ese lugar que decidimos llamar hogar, aunque le falten muchas de las piezas que antes creíamos indispensables para que lo fuera.

La vuelta a "casa" después de un tiempo visitando a los nuestros deja una especie de malestar que bien podría confundirse con cualquier enfermedad. La verdad es que es una enfermedad del corazón. ¿Los síntomas? Desgano, ganas de quedarnos en la cama y mimarnos un poco más, falta de energía para hacer lo que antes hacíamos sin pensar. Nos cuesta retomar la rutina, disfrutar de los lugares que amamos. No nos sentimos en casa.

Esto es parte del costo de ser expatriada, ese corazón que se parte y que siempre se sentirá partido, porque, incluso cuando volvemos a nuestras raíces, siempre pero siempre extrañaremos esa ciudad que albergó nuestros sueños y aventuras.

DE MÍ PARA MÍ

Si me preguntan a mí, es un costo que sigue valiendo la pena, es un costo que elijo asumir por la búsqueda de mis sueños. Solo es necesario saber que esto también pasará. Que es algo que existe y que todos sentimos, en mayor o menor medida.

Solamente hay que tener un poco de paciencia, ir despacio y mimarnos como una madre. Tomarnos las primeras semanas con calma. Volver a hacer las cosas que nos hicieron enamorarnos de la ciudad. Mezclándolo con las cosas que amamos de nuestro país. Encontrar esa planta de jazmín que puede transportarnos de regreso a la casa de nuestra infancia solo con respirar. Cocinar panqueques con la receta de mamá, agregarles dulce de leche y compartirlos con la gente que elegimos como familia también puede hacernos sentir en casa.
Después de unos días, te vas a dar cuenta de que ya volvés a sentirte en casa. Donde vos elegiste tu hogar.

Incluso con el corazón dividido.

HOGAR | 53

BELÉN LÓPEZ EXERTIER

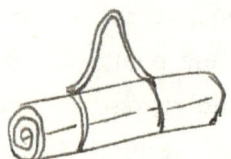

DE MÍ PARA MÍ

QUIERO ESTAR EN CASA

Quiero sentirme en casa.
Mi hogar es mi pueblo.
La ciudad donde crecí.

Miro el mar.

Yo soy mi propio hogar.
Puedo volver a casa
si vuelvo a mí.

Bālāsana y correr

Yo soy mi propio hogar.
Estoy dentro de mí.
Estoy de vuelta en casa.

Sanar

Aliviar (el sufrimiento, o la angustia de una persona).

ESCRIBIR Y SANAR

Escribir es una sensación liberadora en los días malos y de soledad, pero también es una forma de recordar las lecciones aprendidas.

Me gustaría haber escrito más, porque sé lo bien que me hace sentir, pero también sé que es lo primero que dejo de hacer cuando me siento mal. Es como si mi cerebro decidiera evitar la única cosa que sé que puede ayudarme.

Escribir expone los sentimientos y pensamientos que intento esconder y evitar.
Es como revelar una foto antigua.

Primero no se ve nada.

Después, poco a poco, empiezan a aparecer las siluetas.

Luego, los colores.

Y entonces todo cobra sentido.

Todas esas ideas que trato de alejar.

Cada vez que tengo un pensamiento rumiante sobre algo, deseo que desaparezca.

Intento ignorarlo.

Pero escribir lo que estoy pensando o sintiendo expone lo que no quiero ver.

Y justamente de eso se trata.

La única forma de enfrentarlo es exponiéndolo.

Hacerlo presente y real.

Ponerlo en el centro del escenario, bajo una luz brillante.

Eso es lo que pasa cuando escribo.

Arranca como algo que no entiendo del todo.

Y, al final, todo se aclara.

Puedo entender lo que estaba pasando en mi cabeza.

Organizo mis pensamientos y sentimientos

y entiendo

lo que antes no podía.

Escribir es la única forma que tengo para sanarme.
Una forma de liberar toda la presión.
No siempre es fácil ver lo que no quiero mirar.
Pero siempre me sana.

Escribiendo descubrí quién soy, cómo me sentía y
lo que no podía decir.

Escribiendo sigo descubriendo quién soy, cómo
me siento y lo que no puedo decir.

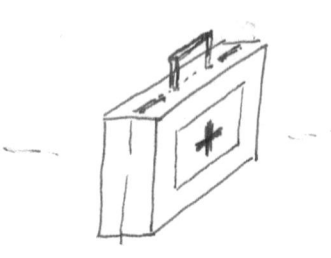

JULIANA, LA ESCRITORA

Todas las niñas argentinas en los noventa jugaban con la valija de Juliana.
Juliana podía ser mamá, doctora, veterinaria, maestra o periodista. Cada valija traía todo lo necesario para jugar ese rol.
Creo que yo tenía a Juliana, la doctora.
Ahora, no estoy segura.

Quiero jugar como una nena que imagina que es doctora, solo que yo imagino que soy escritora.

Eso es lo que soy.
Belén, de siete u ocho años, con su valija rosa.
Tratando de entender la vida de adulta.
Poniendo todas sus ideas en un papel,
o en este caso, una nota en mi iPhone.

BELÉN LÓPEZ EXERTIER

DE MÍ PARA MÍ

ESCRIBIR LO QUE NO PUEDO DECIR EN VOZ ALTA

Tengo un grupo de WhatsApp conmigo misma. Se llama "Cuarto propio" en honor a Virginia Woolf. Ahí escribo cosas que no quiero olvidar.

Empecé escribiendo pensamientos, pero honestamente, la mayoría de las veces mis pensamientos son listas de supermercado.

Hoy, mientras caminaba, tratando de no perder la idea, pensé en mandarme una nota de voz, pero no pude.

Escribir no es lo mismo que decirlo en voz alta. Escribir me ayuda a desahogar mis pensamientos y sentimientos. Es una forma de vaciar el cerebro y el corazón. Es como enchufar un cable que conecta mi cerebro y mi corazón, que, en mi caso, siempre está en cortocircuito.

SANAR | 63

A veces, cuando lo escribo, puedo leerlo en voz alta.

Muchas veces, se queda guardado en mi teléfono, y nadie se entera de que está ahí.

Si no lo digo en voz alta, no existe. No hay vergüenza, no hay pudor.

Pero también es cierto, como pasó hoy, que no siempre tengo la posibilidad de sentarme a escribir.

El desafío va a ser escribir más sin pensar en la situación en la que estoy.

Desatar el nudo en mi garganta.

Permitirme gritar lo que quiero gritar.

DE MÍ PARA MÍ

SOY

Estoy sentada en el metro de Barcelona con
una remera de los All Blacks puesta.
Agarro mi portalibros que tiene un mapa
de Argentina.
Saco el libro. Lo escribió un tipo de Madrid.

Soy esto. Soy mezcla. Soy fusión. Soy diferente.
Estoy completa.

Dentro de mí conviven el pasado, el presente y
el futuro.

En este momento, me doy cuenta de quién soy.
Soy todo eso junto, mezclado, pero perfecta-
mente yo.
Real y honesto.
Mi propia mezcla.

SENTIMIENTOS

Mucha gente me ha dicho que estoy desconectada de mis emociones. La gente piensa que no soy una persona cariñosa. No me gusta abrazar ni besar, y si alguien llora, me siento incómoda y no sé qué hacer. Quiero hacerlos reír en lugar de permitir sus lágrimas.

No me gusta ver a la gente llorar, porque no quiero que sufran. Quiero proteger a todos los que amo (en general, en exceso).

La mayor parte del tiempo, me juzgo por mi falta de sentimientos o emociones y creo en lo que dicen los demás.

DE MÍ PARA MÍ

Hoy creo que esa es la mentira más grande del mundo.

Mi forma de expresar sentimientos es diferente. Usualmente no doy abrazos o besos, pero eso no significa que no los tenga.

Deberíamos dejar de juzgar a las personas por la forma en que demuestran sus sentimientos y simplemente invitarlos a expresarse como puedan. Algunas los muestran a través de la música, bailando, dibujando o con un abrazo. Yo los muestro escribiendo.

CONCIENCIA

Vivo en un barrio en la cima de una colina. Mucha gente rechaza alquilar allí porque no quieren subir la montaña cada vez que vuelven a sus casas. La mayoría de mis amigos nunca viene a visitarme. Cuando volvés con las compras es difícil. Incluso el gimnasio que está abajo tiene un cartel que dice: "Ya subiste la cuesta, ahora entrá y terminá el entrenamiento".

En la cima de la colina hay un parque, literalmente a la vuelta de mi casa. Cada día, cuando voy a

DE MÍ PARA MÍ

tomar el tren, tengo la opción de subir la colina y cruzar el parque o rodearlo. Siempre elijo rodearlo.

Es una pena, porque cada vez que decido cruzar el parque, encuentro belleza, oxígeno y paz en mi día. Es como un pequeño oasis de silencio en medio del ruido de la ciudad. Lleno de plantas nativas y una frescura que se siente en los calurosos días de Barcelona.

Hoy, decidí ir al parque y caminar por allí como parte de un ejercicio de creatividad. Mi idea era caminar unos veinte minutos para despertar mi creatividad. Salí de mi casa con mi conjunto deportivo, sabiendo que cuando terminara, iba a ir a tomar un café. No tenía mucha fe en la caminata, pero sabía que mal no me iba a hacer (y tenía muchas ganas de tomar ese café).

Mientras caminaba, encontré una imagen que amo, esa que siempre intento encontrar cuando lo visito. Como el parque está tan alto, entre los árboles se puede apreciar una de las mejores vistas de la ciudad de Barcelona. Pero hoy fue distinto. Hoy vi otra cosa.

SANAR | 69

Lo que vi refleja mi vida la mayor parte del tiempo. Me trajo de vuelta a la belleza. No sé quién decidió poner un banco mirando al camino en vez de la increíble vista que tiene detrás. Sintiéndome rebelde, me senté en el respaldo, frente a la belleza.

¿Cuántas veces nos olvidamos de mirar?
¿Cuántas veces camino por el parque y doy por sentada la vista de la Sagrada Familia, el mar y el cielo azul?

Nos acostumbramos a la belleza, eso me entristece y me preocupa.
Cuanto más sabemos, cuanto más viajamos, menos nos sorprendemos por la belleza que nos rodea.

La primera vez que visité Barcelona, en 2017, quedé maravillada con la Sagrada Familia. Ahora que vivo acá desde hace cuatro años, tengo que recordarme lo increíble que es. Necesito pellizcarme y traerme de vuelta a la realidad. La realidad no son todos los problemas que tengo en el día a día o si necesito pasar por el supermercado antes

de volver a casa. La realidad es conectar con lo que el mundo tiene para ofrecer.

BELÉN LÓPEZ EXERTIER

Reflexión

*Un pensamiento serio
o consideración.*

REFLEXIÓN

La mayoría de las palabras en inglés vienen del idioma germánico, pero también están fuertemente influenciadas por el latín. Las palabras que terminan en "xión" en español y las que terminan en "tion" en inglés comparten ese origen.

Este libro comenzó en español como una reflexión sobre distintas situaciones que viví en España y lo terminé en inglés viviendo en Australia. Espero que el nombre de esta sección pueda mostrar esa mezcla de quién fui y de quién soy. Espero que pueda significar algo en ambos idiomas.

La definición de reflexión es "considerar o pensar seriamente en algo". Esto fue lo que hice con cada

uno de los textos: pensé en distintas situaciones y las puse en palabras. Desahogué mi mente y mis emociones.

Revisando otros significados, me gustó la idea de reflexión como el rebote de la luz, el calor o el sonido por un cuerpo o superficie sin absorberlo.

Este libro es un reflejo, como la que puede dar un espejo, de situaciones comunes que me pasaron viviendo durante cinco años en España. Habla de vivir en otro país, lejos de tu gente, del amor y el desamor, del hogar y de los pensamientos más simples.

Así como la imagen de mí misma en un espejo cambia con el tiempo, este libro muestra quién fui durante una parte de mi vida. Y como sucede con el reflejo en el espejo, me encantaría editar mis palabras para decir cosas distintas, porque en muchas situaciones, hoy el reflejo no es el mismo. Pero para ser honesta conmigo dejé las palabras sin editar. Muestro quién fui sin agregar maquillaje al reflejo que me da el espejo.

REFLEXIONANDO
SOBRE DESAMOR

El primer amor siempre se siente como un alma gemela. La brisa fresca que estabas esperando en un caluroso día de verano. No tenés idea de qué esperar. Se amoldan el uno al otro. Sos joven, estás empezando tu propia vida e independencia.

No tenés idea de quién sos.

¿Quién sos?

¿Qué te gusta?

¿Qué disfrutás?

¿Qué odiás?

Tratás de encontrar las respuestas mientras estás con esa otra persona. Tus respuestas empiezan a mezclarse con las de esa persona.

¿Sos vos quien ama la idea de mudarse al campo?

¿Sos vos quien ama la idea de tener un perro?

¿Sos vos quien ama desayunar con café?

Se necesita mucho coraje y trabajo para empezar a hacerse las preguntas indicadas.

Intentando encontrar las respuestas correctas.

Cuando lo hacemos, nos damos cuenta de que nuestras elecciones no eran solo nuestras, eran compartidas.

Crecer juntos y tomar esas decisiones en común puede ser algo hermoso.

En mi caso, no lo fue.

En mi caso, me perdí tratando de que funcionara.

Cuando me di cuenta de todo esto, estaba tan lejos de quien quería ser que tuve que resetear mi vida.

Por lo general, la otra persona está experimentando lo mismo. Amoldándose a tus necesidades, a tus miedos, a lo que te gusta y lo que no. Tal vez él

aún no empezó a hacerse esas preguntas, pero eso sucederá.

Cuando decidí mudarme a otro país, él dijo que también quería hacerlo. Él quería concretarlo y transformar mi necesidad en una necesidad compartida. Durante algunos meses fantaseamos con la idea de hacerlo juntos. Qué podríamos hacer y cómo.

Después empezó a mostrar cierta evasión, pero pensé que era porque se sentía abrumado. En algún momento me di cuenta de que yo era quien más se estaba esforzando para lograrlo. Él se estaba forzando para encajar con mi idea, y la única forma en que podía funcionar era si los dos queríamos lo mismo.

En el fondo de mi corazón, sabía que él no iba a subirse a ese avión conmigo. En el fondo de mi corazón, sabía que él no quería mudarse, que él no compartía el sueño. Mi sueño.

Pero era su decisión. Él tenía que decirme lo que quería.

Había una razón oculta por la que yo no quería

presionarlo para que me diera una respuesta. ¿Qué debía hacer si él me decía que no iba a mudarse?

Un día, sola, sentada en una playa mirando el mar, con un cuaderno en la mano, escribiendo pros y contras, decidí que tenía que irme. Tenía que irme por mí. Yo necesitaba esa experiencia. Es una sensación rara y difícil de explicar. Se sintió como si cada pieza del rompecabezas encajara, y finalmente pudiera ver el panorama completo. En mi interior sabía que no podía quedarme más tiempo. Era hora de saltar.

Simultáneamente, a kilómetros de distancia, en una playa, pero mirando un río, él decidía lo contrario.

Cuando volvimos a vernos, después de lágrimas y peleas, le dije que me iba. Él me dijo que se quedaba.

No fue fácil, yo esperaba que intentara algo o que me propusiera algo distinto, una solución. No hubo nada. Mi corazón se rompió y se sanó al mismo tiempo. Me dolía, pero ya no necesitaba preguntarme nada. Me sentía empoderada para ir en busca de mis sueños.

Durante meses, después de llegar a España, esperé que él se arrepintiera de su decisión y me dijera que venía. Incluso esperaba que me pidiera volver.

Durante mucho tiempo pensé que era porque ninguno de los dos quería demostrar su debilidad frente al otro.

Ahora lo veo distinto. No fue el orgullo lo que nos detuvo. Fue el amor. El amor que sentíamos nos impulsó a respetar las decisiones del otro. Sabíamos, en el fondo de nuestros corazones, que la felicidad de cada uno estaba en otro lugar. En este caso, el amor se ve distinto. El amor fue soltar.

Quizás con una gotita de orgullo a la mezcla. Los sentimientos no se acomodan en cajas que no se pueden mezclar.
Los sentimientos son como acuarelas que se mezclan de formas que no podemos controlar.

REFLEXIONANDO
SOBRE LOS SUEÑOS

Los sueños empiezan como pensamientos pequeños, molestos y que pican en el fondo de tu mente. Algo que pellizca para decirte: "Acá estoy".

A veces, podés darte cuenta inmediatamente de lo que está pasando en tu cabeza.

Otras veces, simplemente lo dejás de lado y seguís con tu vida ocupada. Pero el sueño sigue ahí, y va a quedarse ahí hasta que le prestes atención.

Mi sueño de mudarme a otro país empezó cuando tenía diez u once años.

Comenzó como un pequeño pensamiento que no podía comprender. Por eso no recuerdo exactamente cuándo fue, porque durante la mayor parte de mi vida la idea estuvo ahí.

Mi sueño se reflejaba en las diferentes decisiones que tomaba, pero no era consciente de ello.

Me atraía hacer ciertos proyectos en el colegio y leer ciertos libros.

Leía sobre las aventuras del Principito y dibujaba cruceros que podrían llevarme alrededor del mundo. La idea de viajar y ver el mundo ya estaba en mi mente.

Pero la vida no es tan lineal. Pensamos que lo es, pero gira de maneras que ni imaginamos.

A medida que crecía, tomé ciertas decisiones que enterraron el sueño en el fondo de mi mente. Cambié las cosas que me gustaban y escondí el sueño.

Era muy joven e inmadura para seguirlo.

El sueño esperó, sabiendo que en algún momento estaría lista para mirarlo de frente y decidir si era un sueño que valía la pena seguir.

Siempre tenemos la opción de no seguir un sueño, pero al menos le debemos una conversación.

Mi vida siguió mientras hacía cosas que me alejaban de mi sueño. También hice cosas que me acercaban, sin saberlo.

Decidí hacer un viaje sola cuando terminé la universidad.

A todo mi entorno le pareció algo medio loco, pero lo hice igual. Fue la mejor idea que se me pudo haber ocurrido. Ese viaje trajo muchos de mis sueños del fondo de mi mente a enfrentarse conmigo cara a cara.

Un día soleado, mientras caminaba, decidí que era el momento correcto para seguir mi sueño. No puedo explicar cómo me animé a mirarlo de frente. Creo que simplemente se me presentó, y no pude ignorarlo. Sentía que todo tenía sentido, como cuando hacés un rompecabezas y colocás la pieza que te permite entender toda la imagen.

Es solo una pieza, y no es la última.

Es la decisión de empezar.

Seguir mi sueño fue incómodo y desafiante, pero era lo que necesitaba hacer, lo que decidí hacer después de mirarlo de frente.

Ahora puedo reflexionar sobre esto. Volver a mudarme a otro país me dio la distancia necesaria para poder ver todo con claridad. Mirando ahora mi sueño no puedo entender cómo lo ignoré tanto tiempo. Ahora se ve claro el camino entero: los momentos en los que tomé el rumbo equivocado, cómo esos desvíos me llevaron a ideas que no eran mías, y cómo me fui perdiendo.

Los sueños no se pueden ignorar. Se quedan ahí, golpeando la puerta, pidiendo que los mires de frente y tomes una decisión, incluso si la decisión es dejarlos ir.

DE MÍ PARA MÍ

REFLEXIÓN | 85

REFLEXIONANDO
SOBRE EL HOGAR

La parte más difícil de mudarte a otro país es dejar tu hogar. Entendiendo la palabra "hogar" como ese lugar en el que nos sentimos seguros y protegidos. El hogar puede ser nuestra familia, una casa o un grupo de amigos.

Cuando nos mudamos a otro país, no podemos llevarnos nuestro hogar con nosotros. Necesitamos dejar atrás todo eso que nos hace sentir seguros para encontrar algo nuevo.

DE MÍ PARA MÍ

Me acuerdo de un cuento que leía cuando era chica, sobre una tortuga que tenía su casa adentro del caparazón. Otros libros hablaban de lo mismo, pero con caracoles. Recuerdo que me fascinaba la idea de llevar tu casa con vos todo el tiempo. Cualquier cosa que necesites o extrañes, podés encontrarla con solo meterte adentro tuyo.

Estaba maravillada con la idea de tener siempre la casa conmigo. Quería sentirme en casa cada vez que lo necesitara.

Mi infancia tuvo algunos momentos duros, y quería encontrar una forma de sentirme protegida. Al mudarme a otro país, toda esa protección que había construido como mi propio hogar ya no estaba ahí. Hasta que me di cuenta de que mi propio hogar estaba dentro mío, como las tortugas o los caracoles.

Todo este tiempo estuve cargando mi propio hogar, mi lugar seguro.

Es gracioso. Yo ya sabía esto desde los cuatro o cinco años, pero me tomó más de veinte años darme cuenta de lo que realmente significaba.

REFLEXIÓN | 87

El hogar no es un espacio físico que pueda tocar. El hogar está dentro de mí. Suena cursi e infantil, pero el día que lo entendí fue como si mis ojos pudieran ver por primera vez. Todo volvió a tener sentido.

Esto no significa que no extrañe a las personas o los lugares, pero la idea de tener mi hogar conmigo me da libertad y cierto orden a mis prioridades. Puedo ocuparme de mí misma, invertir en mi mente, cuerpo y alma para crear el hogar más lindo que pueda. Porque es el único hogar que puedo llevar conmigo.

La mayoría de los expatriados que conozco experimentan la misma sensación de no pertenecer.
No pertenecés al nuevo país. Por más que vivas ahí mucho tiempo, siempre te sentís diferente.
Pueden ser pequeñas cosas, como no saber la canción que todos cantaban de chicos. Quizás son cosas más grandes, como no ser aceptado por una comunidad.
Pero tampoco pertenecés a tu país de origen.
Cada vez que volvés, te das cuenta de que el país cambió y no estuviste ahí para verlo. Y vos también cambiaste.

DE MÍ PARA MÍ

Ya no encajás, la gente sigue esperando lo mismo de vos, pero vos ya no sos la misma persona. Y lo que vos esperás del país, de tus amigos o de tu familia es lo mismo, pero ellos también cambiaron.

En algún momento te sentís incómoda y abrumada por la sensación de no pertenecer a ningún lado. Los humanos somos animales que estamos acostumbrados a desarrollarnos en sociedad. No pertenecer no es una sensación fácil de llevar.

Saber que tu hogar no está afuera tuyo hace que tus emociones sean más llevaderas. Seguís sintiéndote un poco incómoda, pero al menos siempre podés volver a tu caparazón para sentirte segura. Tener un espacio seguro te permite disfrutar lo mejor de ambos mundos.

Podés disfrutar volver a tu país de origen y compartir viejas y nuevas historias. Podés aprender sobre nuevas culturas en tu nuevo país. Podés estar contenta comiendo un asado, sabiendo que también podés disfrutar de una buena paella.

REFLEXIÓN | 89

BELÉN LÓPEZ EXERTIER

REFLEXIONANDO SOBRE SANAR

Escribir es una forma de desahogar todo lo que tengo dentro. A veces grito, a veces susurro, pero siempre me ayuda a soltar.

Si nunca usaste esta técnica, no me vas a creer.

Cuando escribís, desbloqueás una versión superior de vos misma. Es como hablar con alguien que sabe más de lo que vos sabés.

Alguien que entiende mejor que vos. Ese alguien puede ser Dios, tu alma, un nivel más profundo de conciencia o el universo.

Al escribir podés organizar tus pensamientos y sentimientos para mírate desde otra perspectiva. Es un texto explícito con lo que llevás dentro, con una comprensión extra de alguien más. Por eso lo que escribís es sagrado.

Todos estos poemas fueron escritos así, liberando presión. Es como esas pavas que empiezan a silbar cuando el agua hierve. Eso es la escritura para mí. Hacer algo de ruido.

Cuando empecé a reunir estos poemas, tenía muchos pensamientos negativos.

Ponía excusas para no continuar. Me di cuenta de que mi mayor miedo era mostrarme tal cual soy, desnuda y honesta, frente a una multitud. Todos iban a poder leer mis pensamientos y sentimientos, y lo que era aún peor: la gente que conozco podría leer mis palabras.

Hay algo en las figuras sin rostro que las vuelve frías y lejanas. No es lo mismo conocer un nombre o la historia específica de una persona. Lo mismo pasa con mis textos.

No me importa si cualquier persona lee mis palabras.

Solo me oculto de la gente que conozco.

Mucho hay detrás de ese miedo y esas excusas.

Pero quiero ser honesta. Quiero ser yo misma. Escribir todos estos poemas me sanó de distintas maneras que ni siquiera puedo imaginar o entender.

Me ayudó a entenderme y entender mis sentimientos, a descubrir quién soy y a aprender a amarme.

Incluso ahora, recorriendo el mismo camino otra vez e intentando abrirme paso en un nuevo país, necesito recordar todas esas lecciones que ya viví.

Hacer este libro llega en el mejor momento.
De esa forma, no voy a olvidar las lecciones que aprendí y voy a seguir aprendiendo nuevas.
Escribir me sanó.
Escribir me sana.
Y deseo que pueda sanarte a vos, también.

BELÉN LÓPEZ EXERTIER

FINALES Y COMIENZOS

Llego a la puerta y miro mi tarjeta de embarque. Verifico que toda la información esté bien:
Puerta de embarque: 26
Destino: Melbourne
Hora de embarque: 10:15

Miro mi teléfono y veo el fondo de pantalla. Dice: "Empezá a acostumbrarte a que las cosas salgan bien". Miro la hora. Me quedan quince minutos para embarcar en el vuelo que me llevará al otro lado del mundo.

El mapa del mundo siempre me llamó la atención.
En mi colegio, había uno colgando en la pared. Cada vez que lo miraba, sentía una presión en el pecho al darme cuenta de la distancia que había con otros países y mi familia. Ahora soy yo quien decide mudarse a otro país, al otro lado del mundo.

Una voz me trae de vuelta a la realidad anunciando que el vuelo está embarcando. De una ciudad perdida en la pampa argentina a este aeropuerto romano. Miro a mi alrededor y no conozco a nadie. Nada me resulta familiar. Nada tiene que ver con mi colegio ni con aquel mapa colgado de la pared.

Camino por el pasillo. Me tiemblan las piernas y no puedo controlarlas. Miro por la ventana y veo el ritmo del aeropuerto. Camiones que trasladan el equipaje, aviones que despegan y aterrizan a lo lejos.

Es la misma vista que tuve cinco años atrás cuando tomé las decisiones que me trajeron hasta acá. Cada uno de esos pasos fue una decisión consciente en búsqueda de mi felicidad, juntando las piezas de mi corazón roto, pero también alejándome de mi primer amor verdadero. Todo llega a su fin con cada paso que doy.

La azafata me pide la tarjeta de embarque, la controla y me señala el camino a seguir. Me siento y respiro, convencida de que esta vez es diferente.

En Australia, él me está esperando. Nos reencontramos después de meses de estar en una relación a distancia. Vamos a empezar una nueva vida juntos. Queda muy atrás el vuelo a Barcelona que me hizo elegir entre un corazón roto o conformarme.

Cierro los ojos, apoyo la cabeza contra el asiento, respiro y sonrío porque esta, sí, esta vez es diferente.

BELÉN LÓPEZ EXERTIER

CON GRATITUD

Con gratitud, quiero darte las gracias por leer mi primer libro y por confiarme algo tan valioso como tu tiempo. Por abrazar toda mi vulnerabilidad, mi corazón traducido en palabras, y tratarlo con amor y respeto. También quiero agradecerte por conectar con mis sentimientos y mis sueños. Por favor, compartí conmigo tus pensamientos y emociones.

Con gratitud, quiero agradecer a mi mamá. La verdadera amante de los libros, quien, con juegos, me enseñó a amar la lectura. Gracias, mamá, por

siempre tener un presupuesto flexible para comprar libros, aunque siempre digas que era más caro llevarme a comprar libros que ropa. Gracias por darme independencia, y por estar siempre cerca cuando te necesité. Siempre vas a ser la primera persona a la que acudiré cuando necesite algo. Gracias por apoyar mis sueños, incluso cuando esos sueños me llevaron lejos de vos. Vos sabés lo que significa realmente la distancia y siempre te mantuviste cerca, incluso cuando nos separaban miles de kilómetros. Gracias por ser siempre la guardiana de mis sueños y enseñarme que los límites solo están en mi mente. Te quiero.

Con gratitud, quiero agradecer a mi hermana, la ilustradora de este libro. Gracias por compartir tu arte conmigo y apoyarme sin importar qué. Gracias por ser la primera persona en leer mis textos. Gracias por enseñarme que expresar los sentimientos no te hace débil. También sos un alma libre, que se mueve por el mundo y que puede identificarse con cada capítulo de este libro. Gracias por estar siempre ahí para mí; me enseñás y me inspirás cada día. Mi versión mejorada, te quiero.

DE MÍ PARA MÍ

Con gratitud, quiero agradecer a mi papá. Gracias por recibirme en España cuando llegué, sin saber qué estaba pasando ni cómo iba a ser todo. Gracias por tu paciencia en esos días oscuros; hiciste que todo fuera más fácil. Estoy agradecida por el tiempo que compartimos y por darnos la oportunidad de ser simplemente nosotros. Siempre voy a guardar en mi corazón esos cinco años cerca tuyo. Te quiero.

Con gratitud, quiero agradecer a mi pareja, Alex. Gracias por apoyar mis sueños locos. Gracias por decir siempre primero que sí y después preguntar qué o cómo. Seguís enseñándome y sanándome con tu amor. Gracias. "Cierro los ojos, apoyo la cabeza en el asiento, respiro y sonrío porque esta, sí, esta vez es diferente". Seguí mostrándome lo que significa el verdadero amor, en inglés o en español. Te quiero.

Con gratitud, quiero agradecer a mi editora en inglés y *publisher*, Vanessa Barrington. Te encontré por casualidad, pero las dos sabemos que no fue solo una casualidad. Tu ayuda y tu apoyo me trajeron hasta acá. Me viste como autora incluso

antes de que yo supiera que lo era. Me enseñaste a creer en mí misma y me ayudaste a sanar mis heridas. Gracias por tus dulces correcciones y por tratar mis palabras como un tesoro precioso.

Con gratitud, quiero agradecer a mi editora en español, Carolina Kenigstein. Desde el primer día supe que eras la indicada. Gracias por escucharme y por sumarte a este viaje conmigo. Tus palabras de contención me ayudaron a entender que también tengo una voz en mi propio idioma, y que vale la pena compartirla.

Con gratitud, quiero agradecer a Vicu y a Sole. Gracias, Vicu, por ser mi otra mitad, la guardiana de la otra mitad de mi mente y mi corazón. Y gracias, Sole, por ser mi primera verdadera amiga, en quien siempre pude confiar y que siempre me apoyó, incluso cuando elegimos caminos distintos. Ambas son testigos vivos de mi historia.

Con gratitud, quiero agradecer a todos mis amigos. A los que conozco desde que soy chica y a los que conocí hace poco. Cada uno de ustedes sabe lo importante que fue en este

DE MÍ PARA MÍ

camino. Todos ustedes son guardianes de mi historia, los que realmente conocen cada una de mis paradas y compartieron cada uno de mis pasos. Muchas veces, sin entenderlos.

Con gratitud, quiero agradecer a mi familia, la elegida y la de sangre, que siempre me mostró que la distancia es solo un número cuando hay amor y ganas de estar conectados. Me apoyaron en cada etapa del viaje y siempre me dieron la bienvenida, sin importar cuánto tiempo pasara sin vernos.

Con gratitud, quiero agradecer a mis antepasados, los verdaderos viajeros del mundo, cuando llegar de un lugar a otro tomaba meses y comunicarse era casi imposible. Ustedes son la inspiración. Gracias por sus errores y sus aciertos. Aprendí mucho de ustedes.

A todos, gracias por su paciencia con la distancia, la diferencia horaria, las demoras en responder mensajes o por apoyarme incluso cuando me perdía de cosas importantes. Los quiero a todos.

Con gratitud, gracias a todos los escritores que me inspiraron con sus historias desde que soy chica. Si no fuera por ustedes, nunca hubiera conocido el mundo de posibilidades que existía afuera de mi cuarto. Me hicieron soñar, viajar por el mundo y pensar que todo era posible.

Con gratitud, quiero agradecer a todos mis maestros, en el colegio y en la vida, los que me alentaron y me hicieron ser quien soy. Son especiales y siempre van a quedar en mi corazón y en mi memoria. Me inspiraron, me hicieron amante de los libros, me enseñaron a usar mi primer y segundo idioma y, lo más importante, me enseñaron a ser una persona que cuida de los demás.

Con gratitud, a mi ángel especial y guía, mi abuela, gracias por mostrarme el camino. Gracias por estar conmigo y abrazarme, incluso desde otro lugar. Sé que estás conmigo en cada paso del camino; todo esto es gracias a vos. Levantá tu copa y brindemos una vez más, ¡por la vida!

BIOGRAFÍA DE LA AUTORA

Belén López Exertier nació en un pequeño pueblo de Argentina. Siempre atraída por los viajes y la exploración del mundo, llamó hogar a Barcelona durante cinco años. Al momento de publicar este libro, vive en Melbourne, Australia, aunque no está segura de adónde la llevará la vida después.

Incluso antes de saber leer, siempre fue una amante voraz de los libros. Su rincón favorito era la biblioteca del jardín de infantes; con el tiempo se convirtió en su amor por las librerías. Nunca imaginó que algún día sería una autora publicada.

Lo que comenzó como una exploración creativa y anotaciones personales en su diario, se convirtió en su primer libro. Ojalá que sirva para inspirar a otros a seguir sus propios sueños. Agárrense fuerte, porque este podría ser el primero de muchos.

www.belenlopezexertier.com

DE MÍ PARA MÍ